생사학총서 3

자살예방

自殺予防

다카하시 요시토모(高橋祥友) 지음

양정연 옮김

박문사

JISATSUYOBO
by Yoshitomo Takahashi
©2006 by Yoshitomo Takahashi
First published 2006 by Iwanami Shoten, Publishers, Tokyo.
This Korean edition published 2018
by Bakmunsa, Seoul
by arrangement with Iwanami Shoten, Publishers, Tokyo

이 저서는 2012년 정부(교육부)의 재원으로 한국연구재단의 지원을 받아
수행된 연구임(NRF-2012S1A6A3A01033504)

● ● ●

　대부분의 사람들은 자살이 심각한 문제이고 슬픈 일이라고 생각한다. 그렇다면, 자살에 대한 정확한 지식을 가지고 그 예방을 위해 적절한 일을 하고 있을까? 이 물음은 개인에 대한 것이기도 하지만 동시에 국가나 지자체 등 보다 큰 대상에 대한 것이기도 하다.

　자살률은 급격한 사회적 변화를 나타내는 중요한 지표의 하나이고, 특히 청년 남성의 자살률이 민감하게 반응한다. 세계적으로는 소련이 붕괴하면서 독립한 국가들의 사례가 그렇다. 발트 삼국 등의 경우, 독립을 함으로써 희망을 갖고 자살률이 감소했던 시기도 있었다. 그런데 희망이 환멸로 바뀌면서 자살률은 완전히 상승하는 추세로 바뀌게 되었다.

　그렇다면 일본의 상황은 어떨까? 제2차 세계대전 후의 한 시기, 일본의 자살률은 세계적으로도 매우 높았다. 특히 20세 전후의 젊은 세대와 고령자층에서 자살률은 절정을 보이고 있었다.

　최근의 실태를 보면, 1997년 이후 연간 자살자수가 3만 명을 넘어선 상태가 계속 이어지고 있다(본서의 집필 시점에서 최신 자료는 2005년의 것들이다). 이 수는 교통사고 사망자수를 4배 이상 넘어서

● ● ●

는 것이다. 이전과 같이 고령자층에서 높은 자살률을 보이고 있지만, 근년에는 특히 한창 일할 연대인 40~50대에서 자살률이 급증하고 있다. 다른 나라와 비교하더라도 이러한 점은 일본의 자살에서 보이는 큰 특징이라고 할 수 있다.

고령자에서 자살률이 높다는 것은 거의 세계 공통의 문제라고 볼 수 있다. 또 급격하게 사회의 가치관이 변하는 상황에서 젊은 사람들의 자살률이 상승하고, 사회적인 관심을 끌고, 국가에서 적극적인 대책에 나서는 예는 세계에서도 많이 이뤄지고 있는 점이다. 그러나 일본처럼 한창 일할 세대에서 자살률이 이렇게 급격하게 상승으로 전환된 경우는 거의 없다.

한창 일할 세대의 자살이 현재 사회적으로 큰 관심을 받고 있지만 이 점은 장래에 더욱 심각한 문제로도 될 수 있다는 점에서 진지하게 받아들여야만 한다. 왜냐하면 일본은 다른 국가와 비교하더라도 가까운 미래에 더욱 빨리 고령화된 사회로 될 것이기 때문이다. 이것은 현재 심각한 자살 문제를 안고 있는 한창 일할 나이의 사람들이 원래 자살률이 높은 고령자층으로 된다는 것을 의미한다. 현 시점에서도 고령자층의 자살이 심각한 상황인데, 현재 40~50대의 사람들이 지금 안고 있는 문제를 노년기로 계속 끌고 들어갈 수 있다는 것이다. 중·노년의 자살 문제를 직시하고 적절한 대책을 취하는 것은 일본의 현재와 장래의 정신건강에 가장 중요한 과제의 하나라

● ● ●

고 할 수 있다.

　종래 일본에서는 사회문화적 배경에서 자살예방에 대해 충분한 관심을 기울이지 않았다. 자살이 일어나도 주위에서는 마치 아무 일도 없던 것처럼 행동하거나 '시간만이 마음의 상처를 치유해준다'고 하는 생각이 강했다. 그런데 이와 정반대로 유명인의 자살이 일어나면 극단적일 만큼 선정적인 보도가 반복되고 화젯거리로 오르내리게 되지만, 얼마 지나지 않아 곧 완전히 잊어버리곤 했다.

　그런데 최근의 자살 급증은 무시할 수 없는 상황이 되었다. 언론매체에서는 역시 단편적으로 접근하여, 장기간에 이어진 불황이 자살 증가의 모든 원인이라고 해석하려고만 한다.

　이러한 경향은 한창 일한 세대의 자살에만 들어맞는 것이 아니다. 어린이들의 자살이 일어나면, '따돌림 자살'이라고 대합창을 한다. 1970년대 경에는 학생 자살이 일어나면 '수험전쟁' '수험고'가 원인이라고 보도하던 것과 경향자체는 변하지 않았다.

　불황도 따돌림도 분명히 중요한 문제라는 것을 부정할 생각은 없다. 그러나 내가 지적하고 싶은 것은 그것만으로 자살의 모든 것을 설명하기에는 어렵다는 점이다. 자살은 여러 요인에서 생기는 복잡한 현상이고 이 책은 이 점에 대해 주로 초점을 맞추고 있다.

　행정 쪽에도 최근에 드디어 움직이기 시작했고 자살예방대책에 나서기 시작했다. 분명 자살자수가 교통사고 사망자수의 네 배 이상

● ● ●

이라는 엄청난 현재의 상황을 생각하면, 자살이 지금과 같이 등한시될 수는 없는, 큰 문제가 되었다는 것이 가장 큰 원인일 것이다. 다만, 그 이외에도 이 문제에 대해 사회가 큰 관심을 기울이게 된 몇 가지 일들이 있다. 우선 1990년대에 들어 소위 '과로자살'에 관한 민사소송(그리고 노동재해 인정신청)이 일어났다. 최고재판소의 판단에 따라, 기업의 안전배려의무가 엄격히 지적당하게 되자, 이러한 점은 행정을 움직이는 큰 원동력으로 작용하게 되었다. 게다가 사랑하는 가족을 자살로 잃은 사람들이 그 경험을 사회를 향해 솔직하게 이야기하기 시작한 것도 자살이 얼마나 심각한 문제인가를 호소하는 중요한 계기가 되었다고 생각한다.

일본에서는 "자살은 각오에 따른 행위이다"라고 하거나 "예방 따위는 할 수 없어"라는 사고방식이 지금도 강하게 뿌리남아 있다. 그러나 자살은 결코 자유의사로 선택한 죽음이 아니라 오히려 대부분의 경우 여러 가지 문제를 안고 있는 결과로서 "강제된 죽음"이라는 것이 정신과 의사로서 내가 느끼는 점이다. 이 책의 목적은 이른 시기에 위기를 알고 적절한 방법을 취함으로써 자살을 예방할 수 있는 가능성이 충분히 남아 있다는 메시지를 독자들에게 전하는 데 있다.

이미 서술한 바와 같이 자살은 여러 요인에 따른 복잡한 현상이다. 정신과 의사라고 해도 정신과 치료를 받기만 하면 모든 자살을 예방할 수 있다고 주장할 생각은 없다. 다만, 자살 위험이 높은 대다

●●●

수의 사람은 "자신이 안고 있는 문제에 대한 답은 자살밖에 없어"라는 심리적 시야협착이라고 하는 상태에 몰려버린다. 그리고 이러한 상태를 만드는 가장 큰 원인으로써 그 배후에는 마음의 병이 숨겨져 있는 경우가 매우 많다. 예를 들면, 한참 일할 세대의 자살과 밀접하게 관련되어 있는 것이 우울증이다. 우울증은 일반적으로 생각하는 만큼 드문 병이 아니다. 다행스럽게도 지금은 많은 효과적인 치료법이 있다. 무서운 것은 우울병에 걸린 것이 아니라 그것을 알아채지 못하고 방치하는 것이다. 자살의 배경에 숨겨진 마음의 병이나 자살의 심리에 초점을 맞추면서 구체적인 예방 대책에 대해 독자에게 보다 정확한 정보를 전해고 싶다.

자살은 일본만의 문제가 아니다. WHO(세계보건기관)에 따르면 매년, 세계에서 약 100만 명이 스스로 목숨을 끊고 있다고 한다. 이 숫자는 센다이(仙台)시와 비슷한 인구가 매년 자살로 이해 지구상에서 사라지고 있다는 것을 의미한다. 살인(약 50만 명) 및 전쟁에 관련된 사망(약 30만 명)을 합산한 숫자보다도 자살자 수가 더 많다. 1990년대 초부터 WHO는 자살예방을 정신보건(Mental health)의 가장 중요한 과제의 하나로 인식하고, 1996년에는 국가 차원에서 자살예방대책을 세우기 위한 가이드라인도 발표하였다. 핀란드와 같은 경우는 이 가이드라인에 따라 독자적인 자살예방 전략을 세우고 대책에 성공을 거둔 사례이다. 이 가이드라인을 바탕으로 하면,

● ● ●

최근에야 겨우 시작한 일본의 대책은 어떻게 평가되어야 할까?

더구나 이 책에서는 남겨진 사람들에 대한 마음의 케어인 사후개입(postvention)에 대해서도 언급한다. 자살예방에 전력을 다하는 것은 당연하지만, 그런데도 불행하게 자살이 일어나버린다는 것도 현실이다. 매년 3만 건 이상 일어나고 있는 자살을 한꺼번에 '제로'로 만들겠다는 것도 비현실적인 목표이다. 병사나 사고사 이상으로 자살에는 남겨진 사람들에게 깊은 마음의 상처를 남길 수 있다. 처음에는 강하게 행동하는 것처럼 보이는 사람이라도 나중에 심각한 마음의 병이 발병해버리는 경우가 흔하다. 마음의 병뿐만 아니라 여러 신체적인 병에 걸릴 위험성까지도 높아진다. 그래서 사후개입은 중요한 과제가 된다. 또한 사후개입을 다음 세대의 1차예방(prevention)이라고도 한다.

참고로 이 책에서는 이해를 돕기 위해 구체적인 몇 가지의 증례를 들었다. 개인정보보호를 위해 본인을 특정할 수 있는 정보에 대해서는 가능한 한 변경했기 때문에, 증례와 동일한 인물은 존재하지 않는다고 생각해주기 바란다.

●●●

　2017년 8월 말, 우리 사회의 자살문제를 재인식해보자는 취지에서 한국자살예방협회와 한림대 생사학연구소는 공동으로 학술대회를 개최하기로 하였다. 학술대회의 구체적인 내용을 논의하는 과정에서 지난 수년간 같은 고민을 해왔던 일본의 사례를 검토하는 것이 좋을 것 같다는 의견을 제시했고, 협회에서도 흔쾌히 수용해주었다. 이에 일본의 자살예방 정책을 이끌고 그 방향성을 제시하고 있는 '자살 종합 대책 추진 센터'의 책임자인 모토하시 유타카 센터장을 기조발표자로 모시고, 일본의 자살예방과 대책에 대한 법적 근거와 대처 노력을 알아보기로 하였다.

　모토하시 센터장은 '여전한 의문-한국인의 자살'이란 주제로 열린 학술대회에서, 자살의 문제를 '대책'의 관점에서 접근해야 한다는 점을 강조하였다. 그런데 자살의 문제는 '예방'되어야 하는 것인가 아니면 '대책'의 관점에서 이뤄져야 하는 것인가? 자살을 예방한다는 것은 임상적 관점에서 주로 논의되는 것으로서, 주로 우울증의 진단과 처방 등 개인을 통한 문제 해결이라는 성격이 강하다. 그러나 '대책'이라고 하는 것은 사회 현상이나 문제에 대한 접근의 성격

●●●

이 강하다. 현재 일본에서 이뤄지고 있는 자살 문제에 대한 접근은 후자에 중점을 두고 이뤄지고 있다는 것을 뜻한다.

일본이 자살의 문제를 국가 차원에서 검토하기 시작한 것은 1998년의 자살 급증이 계기가 된다. 1년에 3만 명이 넘는 자살자 수가 계속 유지되면서, 더 이상 자살을 개인의 문제로만 치부할 수는 없다는 인식을 하게 되었다. 일본은 90년대 버블경제의 붕괴와 은행의 불량 채권 문제, 그리고 금융 기관의 도산 등을 경험하면서 사회적인 문제라는 인식의 전환을 하게 되었고 국가의 대책으로 추진할 것을 결정하게 되었다.

일본에서는 2000년대 전반까지만 하더라도 우울증 등의 정신보건 관점에서 자살의 문제에 접근하였으나, 점차 종합적인 정책으로 자살에 대처하자는 움직임이 민간을 중심으로 확산되기 시작하였다. 이러한 노력은 정치권의 법제화 노력과 함께 2006년, 자살대책기본법이 만들어지게 되었다. 그리고 2016년, 자살대책기본법은 이전보다 종합적인 관점에서 접근을 하게 되었다. 그것은 '삶의 포괄적인 지원'이라는 접근인 것이다. 이것은 이전의 개인의 문제에서 사회의 문제로 인식하던 자살의 문제를 이제는 '삶의 포괄적인 면'의 관점에서 도모되고 있다는 점에서 지역과 학교, 행정 등 관련 기관들의 긴밀한 유대관계가 전제되어야 한다는 것을 명확하게 나타낸 것이다. 그리고 이러한 모든 노력의 바탕에는 자살이 자신의 선

● ● ●

택이 아니라 '내몰린 죽음'이라는 인식이 자리 잡고 있다.

이 책의 저자인 다카하시 교수는 연수를 끝내고 부임했던 야마나시 의과대학에서 자살시도자들을 대하면서 자살을 본격적으로 연구하게 된다. 현장에서의 경험을 바탕으로 그는 자살의 문제에 대해 예방과 대책의 관점에서 균형 잡힌 접근을 시도한다. 자살을 강제된 죽음, 내몰린 죽음이라고 보면서도 자살의 임상적 측면에 대한 이론과 사례의 내용을 함께 소개하고 있다.

이 책에서 특히 주목해볼 점은 사후개입(postvention)을 다음 세대의 1차예방(prevention)으로 간주한다는 점이다. 이것은 자살의 문제를 보다 장기적인 관점에서 접근해야 한다는 주장의 근거로 작용할 수도 있다는 점에서 주목받을 만하다. 자살을 사회문제로 인식하려는 공감대가 점차 우리 사회에서도 확산되고 있다는 점에서 이 책은 그 접근 방법에 대해 고민하는 관련 분야의 연구자와 활동가들에게 많은 도움이 될 것으로 생각한다. 또한 우리의 생활 속에서 자살이 일어나는 실제 사례를 소개하면서 일반인들도 자살에 대해 쉽게 이해할 수 있도록 구성되어 있다.

2018년 5월
양정연

목 차

제1장

자살이라는 죽음

자살예방

1. 아오키가하라 삼림의 생존자 – 자살과 기억상실

"왜 자살예방에 관심을 갖게 되었습니까?"라는 질문을 나는 자주 받는다. 원래 정신과 의사인 이상 자살예방이 직무상 중요한 일환이기도 하지만, 그래도 왜 이렇게 깊은 영역까지 발을 들여놨느냐고 한다면 이야기는 조금 길어진다.

의사가 되기 훨씬 전에 고등학교 후배와 대학교 동급생을 자살로 잃었던 경험이 있다. 나는 '왜 자살을 해버렸을까?' '왜 사인을 눈치 채지 못했을까?'라는 의문을 늘 품고 있었다. 그것이 정신과 의사라는 진로를 선택할 때 가장 큰 동기가 되었다.

내가 의사가 된 것은 1979년의 일이다. 그 당시는 의학부의 교육이나 졸업 후 연수 내용 가운데 자살이나 자살예방에 대해 다루는 강의가 없었다. 그래서 담당환자가 "죽고 싶다"와 같은 말을 하면, 이쪽이 더 당황하곤 하였다. 지도교수님으로부터 특별한 근거도 없이 "걱정할 필요 없다"는 말을 들으면 그것만으로 안심했던 적도 있었다.

되돌아보면 잘못된 사고방식을 많이 배웠다. "단지 자신의 이익을 위해서 주위를 휘저어 놓으려고 하는 것뿐이다. 죽으려는 생각은 없어" "신경증(neurosis) 환자는 자살하지 않아" 등 들었던 이야기는 끝이 없다.

정신과 의사로서, 자살예방에 평균 정도의 관심은 갖고 있었지만, 그 이상으로 이 분야를 더욱 파고들게 된 계기는 초반기 연수가 끝난 후에 야마나시 의과대학(山梨医科大学, 현 야마나시대학 의학부)

에 근무했을 때의 경험 때문이었다.

후지(富士)산 북쪽 기슭에는 아오키가하라 삼림(青木ケ原樹海)이라는 광대한 원시림이 펼쳐져 있다. 이곳은 자살 명소라고도 널리 알려져 있는데, "이 숲에 한 번 들어가면 다시는 빠져나올 수 없다"는 속설이 있다. 사실이 아니지만 많은 사람들이 그렇게 믿고 있다. 옛날부터 삼림은 수행(修行)의 장소였는데, 그 지역에서는 자살 명소로도 알려져 있었다. 그런데 이 장소가 전국적으로 널리 알려지게 된 것은 1960년에 마쓰모토 세이조(松本清張)가 발표한『파도의 탑(波の塔)』이라는 소설이 베스트셀러가 된 다음부터이다. 이 소설은 여주인공이 삼림에 들어가 자살을 암시하는 장면으로 끝난다.

나도 막연하게나마 삼림이 자살의 명소라는 사실은 알고 있었다. 그런데 야마나시 의과대학에 근무할 당시에 그 이상의 일이 우연하게 내가 있는 곳에서 일어난 것이다.

자살할 목적으로 삼림에 와서 마지막 행동까지 결행했지만, 목숨을 잃는 대신에 자신에게 중요했던 생활사에 관한 정보를 모두 잃어버리게 된 사람들이 있었다. 전문용어로는 '전생활사건망(全生活史健忘)' 또는 '해리성 둔주(解離性遁走)'로 불리는 병태로서, 일반적으로는 기억상실이라고도 한다.

너무나도 심한 마음의 상처를 입었기 때문에 자살을 하려고 한다. 그러나 아슬아슬한 곳에서 고통스러웠던 경험을 심리적으로 지움으로써 생명의 안전을 확보하고 있는 것이다. 내게 왔던 사람들은 자신의 이름, 나이, 주소, 가족, 직업 등 중요한 정보를 완전히 잊고 있었다. 때로는 자신을 떠나버린 애인의 이름이나 애칭을 자신의 이

름이라고 믿기도 하는 등 부분적인 자아동일성 변환을 보이는 사람
도 있었다.

이러한 증상은 영화 등에서도 자주 소재로 쓰이지만, 현실과 픽션
사이에는 큰 차이가 있다. 픽션에서는 기억을 잃은 사람이 필사적으
로 과거를 찾기 위해 여행을 떠나는 것으로 그려지지만, 현실에서
환자는 그것과 전혀 달랐다. 불안감과 초조함보다는 오히려 아무렇
지도 않는 듯, 소중한 기억을 잃었다는 현실에 대해 마치 남의 일처
럼 행동하고 있었다. 조금 경험을 쌓게 되면 이렇게 하는 것에 대해
당연한 것으로 이해할 수 있다. 너무나도 강렬했던 경험으로부터 도
망치기 위해 기억을 잃어버렸기 때문에, 표면적으로나마 기억이 없
는 상태가 감정적으로 안정적인 모습을 보이는 것이 결코 부자연스
러운 일은 아닌 것이다.

오히려 갈등이 충분히 해소되지 않는 채로 기억만을 회복시키려
고 한다면 답답함이나 불안함 그리고 초조함이 강해질 수 있다. 실
제로 기억이 돌아온 시점부터 다시 죽음에 대한 열망이 강해진 사람
도 있다.

왜 많은 사람들이 같은 장소에서 목숨을 끊으려고 하는지, 자살의
대리증(代理症)으로서 나타나는 건망의 의미는 무엇인지, 이러한 증
상을 보이는 사람을 어떻게 치료해야 하는지에 대한 여러 가지 의문
이 들었다. 이 경험을 바탕으로 캘리포니아대학 로스앤젤레스캠퍼스
(UCLA)의 에드윈 슈나이드만(Edwin S. Shneidman)교수 밑에서 자
살예방에 대해 배웠고, 「전생활사건망의 임상적 연구」(정신신경학잡
지 제91권 4호, 260~293쪽, 1989)가 나의 의학박사논문이 되었다.

야마나시에서 근무하지 않았더라면 나는 자살예방에 대해 정신과 의사로서 평균 이상의 관심으로 이 영역에 파고들어 깊이 관여하는 일은 없었을 것이다. 이렇게 되돌아보면, 무엇인가 운명적인 만남이었다고 생각한다.

2. 자살은 '강제된 죽음'이다.

현시대는 자기결정권의 시대이다. 생과 사를 선택하는 영역에서도 이러한 점이 활발하게 논의되고 있다. 예를 들어, 암 말기로 선고받거나 사랑하는 사람이 자신의 곁을 떠나거나 혹은 지금까지 오랜 세월 쌓아온 지위나 재산을 잃어 더 이상 자신에게 남는 것이 아무것도 없다고 느꼈을 때, 그러한 사람에게 스스로 죽음을 선택할 권리가 있다는 의견을 종종 접하곤 한다.

미국에는 헴록 소사이어티(Hemlock Society)라는 단체까지 있다. 1980년에 데렉 험프리(Derek Humphry)가 설립한 이 단체는 말기 환자 스스로가 적극적으로 안락사를 선택할 수 있을 것을 제창하고 있다. 확실하게 자살할 수 있는 방법에 대한 정보를 보급하거나 적극적으로 안락사나 자살 방조를 합법화하려는 활동을 하고 있다. 혹은 전 병리학자인 잭 케보키언(Jack Kevorkian)은 자살 방조를 실행하여 많은 논란을 일으켜 왔다.

모든 인간에게는 스스로 생사를 결정할 권리가 있다는 주장에 대해서 나는 약간의 의문을 느낀다. 불행하게 스스로의 목숨을 끊어버린 사람들에게 당신의 자살은 죄라고 추궁할 생각이 나에게는 전혀 없다. 그러나 다음과 같은 점에 대해서는 명확하게 단언할 수 있다. 자살을 생각할 만큼 내몰린 사람은 마지막 순간까지 '죽고 싶다'는 마음과 '살고 싶다'는 마음 사이에서 격하게 요동치고 있다는 것이다.

정신과 의사가 되고 사반세기가 지났지만, 내 눈앞에 나타났던 자살 위험성이 높은 사람들 중에서 죽겠다는 의지가 100% 굳은 상태였던 사람은 단 한 명도 없었다. 그런 사람을 눈앞에 두고, "당신에게는 죽을 권리가 있다"라고는 도저히 말할 수 없다. 자살은 해버리면 두 번 다시 되돌릴 수 없다. 어떻게든 삶의 측면으로 붙잡아서 함께 문제를 해결할 수 있는 방법은 없는가. 인생을 다른 각도에서 다시 해볼 수는 없는 것인가 라고 조치를 취해보자고 하는 생각에 사로잡히게 된다.

이 책의 뒷 부분에 상세하게 기술하겠지만, 자살 위험이 높은 사람은 객관적으로 보더라도 매우 곤란한 상황에 놓여있다는 것이 확실하지만, 그와 동시에 '사느냐 죽느냐', '백이냐 흑이냐'라는 양자택일의 사고방식에 사로잡혀 버린다.

그리고 그 배후에는 대부분의 경우, 우울증을 비롯한 마음의 병이 숨겨져 있다. 그 결과로 자신에게 남겨진 선택지는 "자살밖에 없다"고 확신하는 상태에 내몰리게 된다. 이런 의미에서 자살은 자유의사에 따라 선택된 죽음이 결코 아니며, '강제된 죽음'이라는 것이 정신과 의사로서 내가 실제로 느끼는 점이다.

분명히 정신과 치료를 통해 잃어버린 재산이나 지위, 자신의 곁을 떠났던 사랑하는 사람을 되찾을 수는 없다. 그러나 마음의 병 때문에 판단력이 많이 떨어지고 자신을 질책하고 죽음 이외에는 해결책이 안 보인다는 사고방식에 빠져버린 사람에게 접근하여, 극단적으로 좁아진 시야를 넓히는 역할을 하는 것은 가능하다. 그것이 성공하다면 자살 이외에 다른 선택지를 실행하고 살아가는 의미를 재발견할 가능성도 있는 것이다.

3. 일본에서의 자살 실태

우선 일본에서의 자살 실태를 알기 위하여 통계를 보면서 시작하도록 하자.

<그림 1-1>에서는 세계 각국의 자살률이 제시되어 있다. 일반적으로 자살에 대해 충분한 관심을 갖게 되기 위해서는 어느 정도의 경제적인 발전이 이뤄지고 평균수명도 길어져서 사회가 안정된 상태에 있어야 한다는 것이 전제가 된다. 전 세계적으로 높은 자살률을 보이는 나라들은 유럽 여러 국가를 중심으로 일본과 아시아 몇개국, 호주, 뉴질랜드 등이다.

세계보건기관(WHO)에 자살률을 보고하고 있지 않은 나라가 적지 않다는 것은 이 그림에서도 확인할 수 있다. 예를 들면, 아프리카의 대부분의 나라들이나 아시아 일부 국가는 자살에 관한 전국적인 데이터도 없고 WHO에 보고도 하지 않는다. 기아나 단순 전염병으로 인해 많은 사람들이 사망하고 있는 나라에서는 자살예방에 대한

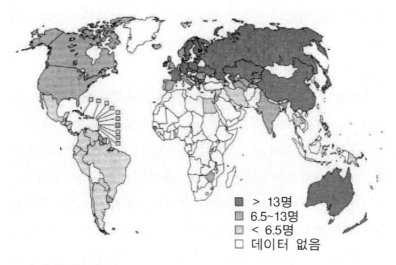

> 13명
6.5~13명
< 6.5명
데이터 없음

출처 : WHO, 2002

〈그림 1-1〉 세계의 자살률(인구 10억 명당)

충분한 관심을 기울일 여유조차 없다는 것이 현실이다. 그러한 나라들에서는 생사에 관한 보건의료가 최우선 과제이고 정신보건이나 자살예방까지는 충분한 관심을 기울이지 못하고 있다. 정신보건 그리고 자살예방에 사회적인 관심을 기울인다는 것은 그 사회가 많이 안정되기 시작하고서야 가능한 일이다.

이러한 점에서 생각해보면, 일본의 현 상태는 어떠할까? 정신과 치료를 비롯한 정신보건 서비스의 인프라는 개선의 여지가 아직 남아있기는 하지만 그래도 어느 정도 정비되어 있다고 볼 수 있다. 그렇다면 자살예방 대책은 어떨까? 최근에 들어서야 후생노동성 주도로 국가적 차원의 방침이 제시되었고 여러 가지 활동이 시작되었다고는 하지만, 유럽과 미국에 비교해보면, 아직 충분한 수준에 도달하지 못한 상태로서 자랑스럽게 인정할 수 있는 수준에는 도달하지 못하고 있다.

　다행히 일본에서는 자살에 관한 전국적인 데이터를 입수할 수 있으며, 통계결과는 경찰청과 후생노동성에서 발표하고 있다. 매년 후생노동성에서 발표하는 자살자 수는 경찰청보다 1,000~2,000명 적다. 이러한 차이가 나타나는 이유는 가족과 가까운 사이인 주치의가 사망진단서에 사인을 '자살'이라고 명기하는 것을 피하려는 경향 때문이라고 말할 수 있다. 예를 들면, 높은 곳에서 이뤄진 투신자살이 었는데 자살이라고 명기하지 않고 두부외상으로 인한 사망이라고 기록하거나 약물의 다량복용으로 인한 자살을 급성약물중독으로 인한 사망이라고 기록하는 등 이렇게 자살이라고 명확히 기록하지 않는 사례는 놀랄만한 일도 아니다.

　경찰청 보고에서도 실제 자살자의 수를 정확히 반영하고 있는가에 대해서는 의문이 남는다. 예를 들면, 미국의 조사에 따르면 교통사고의 사망 사례 가운데, 운전하고 있던 사람이 단독으로 사고를 일으키고 그 사고에 다른 사람이 휘말리지 않은 경우에는 자살자의 상황과 아주 비슷하다는 점이 지적되고 있다. 즉, 교통사고로 위장한 자살은 정확히 파악하기 어려울 뿐만 아니라 사고사로 처리되고 있기 때문에, 경찰청의 보고조차 실제 자살자의 수보다 훨씬 낮지 않을까 예측된다. 그렇다고 하더라도 이 책에서는 전국 데이터로서 경찰청 통계를 기반으로 하겠다.

자살자 총수의 추이

대중매체는 일본에
서도 자살이 급증하
고 있다는 사실을 대
대적으로 보도하고 있
지만, 과연 그 실태
는 어떠할까? <그림
1-2>는 과거 반세기
동안의 일본의 연간
자살자 수를 제시한

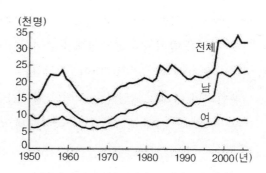

출처) 경찰청 생활안전국 지역과 : 2005년 자살 개요
자료. 경찰청. 2006년

〈그림 1-2〉 일본의 연간 자살자의 총수 추이

다. 오랫동안 자살자 수는 1만 5,000만 명에서 2만 5,000만 명 사이
에서 증감을 반복해왔다. 1988년부터 1997년까지 10년간을 보면,
연간 평균 자살자 수는 2만 2,418명이었다.

1998년에는 연간 자살자 수가 지난 10년간의 연간 평균 자살자
수보다도 1만 명이 더 늘어난 3만 2,863명이 되었다. 이후 연간 자살
자 수는 3만 명대가 되었다.

교통 사고자 수는 1970년대의 최악의 시기에는 약 1만 7,000명
에 이르렀다. 그 후, 법의 개정, 교통사고 예방교육, 자동차의 성능
향상 등 꾸준한 노력이 이뤄진 결과, 30년 이상에 걸쳐 교통사고 사
망자 수를 줄여가고, 2005년에는 그 수가 6,871명으로 낮아졌다. 같
은 해, 자살자 수는 3만 2,552명으로서 교통사고 사망자 수의 4배가
되었다.

어떤 병의 원인으로 사망한 사람의 수가 교통사고 사망자 수를 상회하면 그것은 공중위생학 상 중대한 문제로 간주된다. 그런데 자살자 수에 대해서는 교통사고 사망자 수의 2배가 된 시점에서도 그다지 큰 관심을 받지 못하였고, 4배를 넘어서야 국가적 차원의 여러 대책이 세워지기 시작했다는 것이 실상이다.

종합적인 대책을 세웠다는 점이나 장기간에 걸쳐서 지속적인 노력을 해왔다는 점에서, 교통사고 예방대책은 자살예방대책을 만들어나가는 데 있어서도 중요한 선례가 될 것이다. 자살 현상이 너무나 심각하기 때문에, 이제는 자살예방이 마치 유행처럼 보이기도 한다. 정부도 자살예방을 위한 연구나 활동에 많은 지원을 하고 있다. 그러나 가까운 미래에 자살률이 조금이라도 떨어진다면 곧바로 자살예방대책이 잊혀져버리는 것은 아닐까 하는 우려를 떨칠 수 없다. 단기간의 대책으로 끝나지 않고 제대로 자리를 잡는 장기적인 대책이 되기를 바라고, 그렇게 되도록 지켜봐야 한다.

연령층별 특징

자살자의 연령 분포를 살펴보면 전 세계적으로 일정한 경향을 보인다. 사회 변동이 격한 지역에서는 청년, 그것도 특히 청년 남성의 자살률이 상승하는 경향이 있다. 또 선진국에서는 거의 공통적으로 노년층에서 높은 자살률을 보이고 있다.

그러면 일본은 어떨까? 1990년대 말 이후 가장 문제가 되고 있는 것은 한창 일할 세대의 자살 증가이다. <그림 1-3>이 제시하는 것처

럼, 남녀 합계로 50
대가 23.1%, 40대가
16.0%로, 한창 일할
나이대가 약 40%를
차지하고 있다는 것
이 최근 일본에서 일
어나는 자살의 특징
이라고 할 수 있다.
이 연령층에서도 특

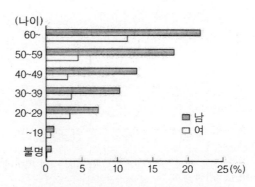

출처) 경찰청 생활안전국 지역과 : 2005년 자살 개
요 자료. 경찰청. 2006년

〈그림 1-3〉 자살자의 연령별 분포(2005년)

히 남성의 자살률이 늘어나고 있다는 점이 전체적인 증가와 직결되
어 있다.

　40~50대의 중장년층, 특히 그 중에서도 남성의 자살이 늘어난 원
인으로서는 여러 이유를 들 수 있을 것이다. ① 장기간 동안 이어진
불황, ② 중년의 위기 세대가 불황의 영향을 직접적으로 받음(이 세
대는 일생을 사춘기 청소년처럼 마음의 위기에 빠지기 쉬운 경향을
갖고 있는 것으로 이전부터 지적되어 왔다. 불황이 아니더라도 정신
적으로 불안정한 시기이기도 하며 우울증의 발병하기 쉬운 연령대
로도 알려져 있다), ③ 조직에 자기를 동일화시킨 마지막 세대(보다
젊은 세대는 최근에 불황속에서도 스스로 이직하는 비율이 높아지
고 있지만, 중장년층의 경우 불황으로 인한 정리해고는 자신의 존재
의의를 뿌리부터 흔드는 경험이 될 수 있다), ④ 다른 연령층에 비해
정신적 문제에 대해 상의하거나 정신과 치료를 받는 것에 대한 저항
이 강하다. 단지 불황만이 아니라 이러한 여러 가지 요인들이 복잡하

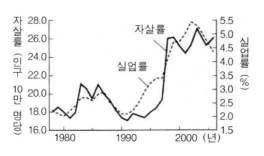

출처) 총무성 통계국, 경찰청 발표(2006년)의 데이터
에 근거하여 작성

〈그림 1-4〉 자살률과 완전 실업률의 추이

게 관여하여, 중장년층의 자살이 급증하는 결과로 나타났다고 생각할 수 있다.

게다가 장기간 동안 이어진 불황속에서 정리해고의 대상이 된 것은 주로 40~50대였는데, 이것이 청년층으로까지 확대되면서 직장에서의 부담이 젊은 세대에까지 미치고 있다는 것을 확인할 수 있다. 참고로 최근의 실업률과 자살률의 추이를 <그림 1-4>에 제시한다.

대중매체는 중장년층의 자살 증가를 크게 보도해왔지만 그것과 대조적으로 종래부터 심각한 문제였던 고령자의 자살에 대해서는 그다지 관심을 기울이지 않았다는 점도 여기에서 지적하고자 한다. 2005년에는 60세 이상의 자살자가 자살자 전체의 33.4%를 차지하고 있었다. 고령자가 인구 평균에서 차지하는 비율보다, 고령자 자살자가 자살자 전체에서 차지하는 비율이 훨씬 높다. 이렇게 고령자가 고위험군이라는 사실은 이전부터 변함없다. 이것은 일본만의 현상이 아니라 선진국의 일반적인 특징이기도 하다. 현재 높은 자살률을 보이고 있는 중장년층이 노년층이 되었을 때도 심각한 자살 문제를 계속 이어서 안고 있을 가능성이 높기 때문에 이에 따른 적절한 대책을 취할 필요가 있다.

성별 차이에 대해

2005년에는 남성 자살자가 2만 3,540명, 여성은 9,012명이었다. 자살률은 각각 인구 10만 명 당 37.8과 13.8이고 기수(既遂)자살의 남녀비율은 2.7대 1이었다. 세계적으로도 기수자살은 압도적으로 남성이 많다.

자살과 정신질환 사이에는 강한 관련성이 있다. 그 중에서도 우울증은 자살과 밀접히 관련되어 있다. 우울증의 유병률은 여성이 높기 때문에 자살률도 높아야 하는데 실제로는 남성 쪽이 훨씬 더 높다. 이러한 차이가 생기는 이유에 대해서는 여러 가설이 있다.

① 충동성을 조절하는 능력은 여성이 우수하다. 남성은 문제 해결 장면에서 적대적, 충동적, 공격적인 행동으로 이어지는 경향 강하다.

② ①과도 관련 있지만 자살을 기도하려고 할 때, 남성은 보다 위험한 수단을 사용하는 경향이 강하다.

③ 문제를 갖게 되었을 때, 여성은 타인과 상의하는 것에 대한 저항감이 적고, 유연한 태도를 취할 수 있다. "강해야 한다" "남에게 약점을 보여서는 안 된다" 등의 사회적 제약이 남성의 경우 너무 강해서 문제를 안고 있을 때, 누군가와 상의하는 태도를 취하지 않고 모든 일을 혼자 맡으려는 경향이 강하다. 정신과 치료에 대한 저항감도 일반적으로 남성이 더 강하다.

이러한 요인으로 인해 기수자살자의 명확한 성별 차이가 나타난다고 생각할 수 있다. 그리고 남성이 알코올 의존증이나 불법 약물 남용의 비율이 더 높아서 자살률의 성별 차이에 영향을 미치고 있다는 설도 있다.

참고로 덴마크에서는 1922년 이후 여성의 자살률이 124% 상승했지만, 남성의 자살률 상승은 26%이다. 그 결과 자살률의 남녀 비율은 과거 3.2대 1이었지만 가장 최근에는 1.8대 1까지 낮아졌다. 여성 중에서도 의사, 간호사, 변호사, 연구자, 관리직 등 전문직에 종사하고 있는 사람의 자살률은 전업주부에 비해 높다고 보고되고 있다. 이러한 연구 결과에서 볼 때, 향후 여성의 사회적 진출이 늘어나 남성과 같은 스트레스에 노출되면, 일본도 자살률의 남녀 비율에 변화가 나타날 가능성이 있다고 지적되고 있다.

그리고 자살미수에 관해서는 자살기수에 비해 데이터가 적다. 자살을 시도했지만, 의료기관에서 진료를 받고 있지 않는 사례도 있기 때문에 자살미수의 남녀비율을 정확히 파악하는 것은 어렵다. 그러나 기수 사례에 비해 자살미수의 경우 확실히 여성이 많다는 것이 각종 보고의 일치된 의견이다.

동기는 무엇인가

경찰청 조사에서는 2005년에 일어난 3만 2,552건의 자살 중에서 유서가 남겨져 있던 1만 360건에 대해서 동기를 분류하고 있다. '건강문제'(40.0%)가 1위이고, 이어서 '경제/생활 문제'(31.4%), '가정문제'(9.8%), '근무문제'(6.3%)였다. 그 중에서도 '건강문제' 다음

으로 '경제/생활문
제'가 높은 이유
는 불황의 영향 때
문이라고 대중매체
는 크게 보도하고
있다.

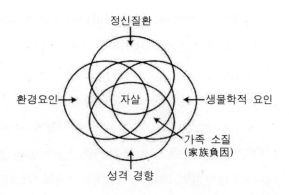

〈그림 1-5〉 자살의 원인

이 책의 서두에
서 말했듯이, 자살
은 여러 요인으로
구성된 복잡한 현상이고 하나의 원인만으로 모두를 설명할 수 있을
만큼 단순하지 않다. 자살로 이어지기 전에는 준비 상태라고 말할
수 있는 과정이 있다. <그림 1-5>에 제시된 바와 같이, 환경요인, 정
신질환, 문제를 갖고 있기 쉬운 성격 경향, 가족 소질(家族負因), 충
동성 조절을 장애하는 생물학적 요인 등이 복잡하게 관계되어 자살
로 이어지는 준비 상태가 된다. 그 위에 어떤 사건이 계기가 되어 자
살이 일어난다. 이 직접적 계기는 외부에서 봤을 때, 아주 하찮은 사
건으로 보일 때도 있다.

자살의 원인이나 동기를 생각하기 위해서는 이 준비 상태와 직접
적인 계기의 두 가지를 모두 검토해야 한다. 심각한 사건을 계기로
갑작스럽게 자살이 일어나는 경우도 있지만, 현실에서는 장기간에
걸쳐서 서서히 준비 상태로 되어가는 경우가 압도적으로 많다.

따라서 경찰청에서 분류한 동기를 검토하기 위해서도 여러 가지
문제점을 염두에 두고 데이터를 살펴봐야 한다.

왜냐하면, 정신의학이나 심리학적 훈련과 지식이 충분하지 않은 경찰관을 통해 수집된 데이터이기 때문에, 표면에 드러나 있는 원인만을 골라냈을 가능성이 높다. 또 수많은 원인 중 하나의 동기만을 추출하고 있다는 점도 고려할 필요가 있다.

예를 들면, '건강문제'가 첫 번째 원인이 되고 있지만, 1999년 통계까지는 '질병'이나 '알코올 의존증을 포함한 정신 장애'등으로 분류되어 있었지만, 그 후 두 가지를 합쳐서 '건강문제'인 것으로 일괄적으로 하고 있다. 신체질환으로 괴로워하고 있던 것이지 정신질환으로 고민하고 있던 것인지조차 모른다. 또한 '경제/생활문제'가 동기인 자살도 1998년 이후, 늘 크게 다뤄지고 있다. 이것은 부정할 수 없는 사실이지만, 전례가 없었던 '헤이세이 대불황'에 대해서 그날그날의 정보를 일반사람들처럼 매일 접하고 있던 경찰관이 자살의 동기를 분류하면서 영향을 받았을 가능성도 생각할 수 있다.

이렇게 개개인의 자살 사례를 단일의 동기만으로 분류해버리는 것은 큰 문제를 내포하고 있기 때문에, 경찰청 통계만을 바탕으로 자살 동기를 한 묶음으로 일괄적으로 해서 해석하는 것에는 큰 문제가 있다. 어디까지나 참고 자료의 하나로서 신중히 해석해야 한다.

4, 세계와 비교

세계의 자살 실태와 비교해서 일본의 자살은 어떠한 상황일까? 일본의 자살률은 세계 최고라고 많은 사람이 믿고 있다. 확실히 최

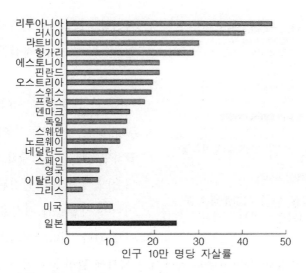

출처) WHO, 2002년

〈그림 1-6〉 자살률의 비교(일본과 구미)

근 일본의 자살률이 높아지고 있는 것은 사실이지만, 자살률 세계 1위라는 것은 분명히 오해이다.

　<그림 1-6>에서 구미의 여러 나라들과 일본의 자살률을 비교하여 제시했다. 세계 각국에서 WHO에 자살률을 보고하는 연도가 다르기 때문에, 대략 2002년 전후의 데이터를 비교하고 있다. 당시 일본의 자살률은 인구 10만 명당 약 25였다. 참고로 자살자 수가 급증한 1998년 이전에는 일본의 자살률이 17~18로서, 구미의 중위 국가의 자살률과 가까웠고 독일보다는 조금 높고 프랑스보다는 조금 낮은 수준이었다. 아무리 최근에 일본의 자살자 수가 급증하여 구미와 비교해서 높은 자살률 국가 중 하나가 되었다고 하더라도 리투아니아,

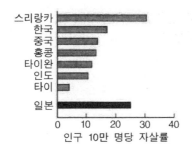

출처) WHO, 2002년

〈그림 1-7〉 자살률의 비교
(일본과 아시아 국가)

러시아, 라트비아, 헝가리 등은 일본보다 더 높은 자살률을 나타내고 있다.

<그림 1-7>은 아시아 각국과 비교한 내용으로서 이미 언급하였듯이, 사회경제적으로 어느 정도 발전되고 안정된 지역이어야 자살률에 관심을 기울이게 된다. 기아나 전염병으로 많은 사람들이 사망하는 나라에서는 생사에 관한 보건정책이 가장 중요한 과제이고 정신보건이나 나아가 자살예방 대책까지는 그 손길이 미치지 못하고 있는 것이 현실이다. 따라서 아시아 국가들 중 WHO에 자살률을 보고하고 있는 국가는 결코 많지 않다. 그 중에서는 일본의 자살률이 눈에 띄는데, 스리랑카에 이어서 높은 비율을 보여주고 있다.

참고로 아시아 지역의 경제발전에 따라 한국, 타이완, 홍콩 등은 일본과 마찬가지로 자살이 문제화되기 시작했다는 점에서 자살예방은 이 지역의 정신건강상 중요한 과제가 되고 있다.

5. 연령에 따라 다른 위기

각 세대에는 특유의 문제가 있기 때문에 자살의 실태 파악과 예방을 위해서 생애주기와의 연관성을 살펴보는 것은 중요하다. 여러 세대의 특징적인 문제로부터 자살로 직결되는 마음의 병이 생긴다는 관점을 잊어서는 안 된다.

청소년 – 집단 따돌림만으로 전부를 설명할 수 있을까

인생 초기에 건전하게 발달하는 것은 평생에 걸친 마음이나 신체 건강의 기초가 된다. 실제로 이 세대에서 마음의 상처를 입었음에도 불구하며 적절한 치료를 못 받았기 때문에 나중에 더욱 심각한 문제로 발전하게 된 사람이 적지 않다.

청소년의 자살예방이 중요하다는 사실을 부정하는 사람은 없다. 그러나 한편으로는 이렇게까지 등한시되어 왔던 문제도 없을 것이다. 우선 그 횟수의 문제이지만, 헤이세이 연호(1989~2005년)에 들어서 연간 미성년자의 평균 자살자 수는 551명이고 자살자 수 전체에서 차지하는 비율은 약 2%이다. 자살 전체에서 차지하는 비율이 낮다고 해서 중요하지 않다는 것은 아니겠지만, 아직까지도 아이들의 자살을 표면적으로 다루는 것을 금기시하는 경향이 있고, 일본에서는 학교에서 자살예방 활동을 거의 시행하고 있지 않다. "아이들에게 자살에 대한 화제를 다루면, 원래 자살 위험이 없던 아이들까지 자살 충동을 일으키지 않을까?"라는 불안감을 많은 교육 관계자나 보호자가 갖고 있다.

그런데 막상 청소년의 자살 사건이 일어나면 "집단 따돌림에 따른 자살"이라고 소리모아 외치기 시작한다. 자살 사건이 일어나면 대중매체는 일제히 또 다른 따돌림은 없는지 찾아 나서기 시작한다. 따돌림 사실이 확인되지 않으면 곧바로 관심은 사라져버린다. 조금이라도 따돌림이 의심되면, 학교 건물 안에까지 방송국의 카메라가 들어가 사망한 학생에 대해서 동급생들에게 마이크를 들이민다.

대중매체나 보호자는 따돌림에 대해 어떠한 수단을 취하지 않았던 학교 측을 규탄한다. 한편, 학교는 최대한의 노력을 하고 있었다며 자기방어에 나선다. 이러한 논쟁이 오가는 속에서 같은 또래의 친구들이 스스로 목숨을 끊고 있다는 강렬한 체험을 다른 학생들이 하게 된다. 그들이 받는 마음의 상처에는 어떠한 적절한 구원의 손길도 미치지 않은 채, 그들은 그대로 방치되어 버린다. 그리고 시간과 함께 비극은 잊히고 만다(적어도 다음 자살이 일어나기 전까지는).

나는 따돌림이 중요한 문제가 아니라고 주장할 생각이 없다. 따돌림 중에서는 형사 고발의 대상이 될 만큼 심각한 따돌림 자살의 사례도 있다. 이러한 사례는 당국이 직접 진상을 해명해야만 한다.

다만 자살에 이르기까지 여러 문제가 쌓이게 되는데, 이때 자살의 '준비 상태'라고 불리는 상태가 존재하고 있다는 것도 잊으면 안 된다. 이미 <그림 1-5>에서 서술한 것처럼, 따돌림을 비롯한 환경적 요인도 분명히 중요하지만, 동시에 여러 마음의 병, 문제를 안고 있을 때 해결의 폭이 좁다고 하는 성격적 문제, 가족 소질(負因), 충동성을 조절할 수 없는 장애 등이 복잡하게 관계되면서 자살에 이르기 직전의 준비 상태가 갖춰진다는 것이 대부분의 경우에서 확인 된다.

따라서 '따돌림 → 자살'이라는 나무나 단순한 사고방식으로는 청소년의 자살 실태를 제대로 바라볼 수 없고 적절한 대책을 취할 수도 없는 것이다. 1970년대에는 학생의 자살사건이 발생하면 대부분의 경우, 수험과 관련된 일이라고 단정해버렸던 것과 최근의 '따돌림 자살'의 외침은 매우 흡사하다.

자살과 가족

어떤 인물이 나타낸 자살행동이 가족 전체의 병리를 나타내는 경우가 자주 있다. 이는 일반적으로 청소년층에 해당되는데, 성인에게도 같은 점이 적용될 수 있다. 따라서 자살 위기의 신호를 보내고 있는 사람만을 대상으로 치료를 실시하는 것만으로는 충분한 효과를 얻을 수 없다. 가족 전체를 대상으로 하여 문제의 근간을 봐야 한다. 특히 청소년기의 자살 행동은 가족의 병리와 연결되어 있다는 점을 지적하고 자세한 것은 5장에서 언급하겠다.

그렇다면 증례를 살펴보자.

> **《증례 1》** 11세 남자아이 등교거부 등을 통해서 자살의 위험과 가족의 문제가 밝혀짐
>
> 초등학교 5학년이 된 이후부터 등교하지 않으려고 했다. 주 1~2회밖에 등교하지 않았다. 또 등교를 해도 수업에 집중할 수 없었고 안절부절못하여 가만히 있을 수도 없다. 여학생을 괴롭히거나 교실의 비품을 파괴하는 등의 행위를 일삼기 시작했다.

유리 조각이나 압정을 다른 학생의 의자 위에 놓는 등의 행위 때문에 다른 학생들로부터 따돌림을 당하고 있었다.

어느 날 학교 건물의 방화 셔터에 장난을 쳤는데 그것이 떨어져 크게 다칠 뻔했다. 이 사건을 보호자에게 알리기 위해 담임교사가 어머니를 부르려 했더니, 그 학생은 울면서 그것만은 하지 말아달라고 간절히 부탁했다. "또, 아저씨한테 맞는다."며 무서워하고 있었다. 교사는 최근 너의 모습이 많이 걱정된다고 말하자 "저 따위는 없어져도 되요. 그것이 더 낫다고 다들 생각해요."라고 하소연했다.

얼마 후 학생 어머니가 학교에 서둘러 왔다. 새 학기가 되고 담임이 바뀐 지 얼마 지나지 않았기 때문에, 교사는 해당 학생의 가정 상황을 충분히 파악하지 못하고 있었다. 교사는 그날 일어난 일을 어머니에게 설명하고, 최근의 가정 상황에 대해 어머니로부터 설명을 들었다.

학생 아버지는 반년 정도 전에 집을 나간 채 행방불명이었다. 그리고 어머니는 직장에서 만난 남성과 3개월 전부터 동거를 하기 시작했다. 그 남성에게는 이제 5살이 된 딸이 있었다. 어머니, 15세가 된 누나, 해당 남자학생, 어머니 애인과 그의 딸과의 동거가 시작됐다.

사소한 일로 남성은 남학생과 누나에게 폭력을 휘둘렀다. 마음에 들지 않는 일이 있으면 훈육이라고 하며 한밤중에 밖으로 쫓아내거나 때리거나 밥을 주지 않을 때도 있었다. 누나와 해당 학생을 학대하는 것과는 다르게 자신의 딸은 아꼈다. 이를 견디지 못하고 누나는 집을 나갔다.

이 무렵부터 해당 남학생은 등교를 거부하거나 학교에서의 부적응 행동이 눈에 띄기 시작했던 것이다. 이야기를 들어보니, 압정이나 유리를 먹고서 죽으려고 한 적도 있다고 했다. 아파트 단지 내 비상계단에 올라가서 거기에서 뛰어내리려고 하거나 전철에 뛰어들려고 한 적도 있었다. 모든 것이 힘들어서 죽어버리고 싶다고 생각하고 있다고 했다. 아버지도 누나도, 소중한 사람은 모두 자신을 버리고 어딘가로 떠나버린다. 매일같이 맞고 살 바에야 죽어버리는 것이 낫다고 생각하고 있었다. 사랑하는 아버지가 가족을 버린 것도 자신이 말을 듣지 않아서라고 남학생은 믿고 있었다. 그 벌로 매일같이 맞고 있어도 어쩔 수 없는 일이며, 누군가에게 도움을 구하면 좋은지도 모르고 있었다.

결국 이 학생과 어머니는 아동상담소를 통해서 정신과 진료를 받을 수 있게 되었지만, 여기에는 중요한 교훈이 포함되어 있다. 특히 이 또래의 아이들은 가정 내에서 일어난 문제를 자신과 연결시켜 해석하고 자책하게 되는데 이것은 특별한 일이 아니다. 아버지가 집을 나간 것은 본인의 성격에 의한 것인지는 모르겠지만 부부의 불화가 원인이었을 가능성이 높다. 그렇지만 아이는 그렇게 생각하지 못한다. 사랑하는 아버지가 집을 나간 것도 자신이 착하게 행동하지 않고 아버지 말을 잘 듣지 않았기 때문이라고 자기 나름대로 해석하고 있었다. 그리고 새로 집에 들어온 남자에게 학대를 당해도 "아버지 말을 잘 듣지 않았기 때문에 벌을 받아도 당연하다"고 자책하고 있었다. 그러한 상황에서 벗어날 수 있는 유일한 수단이 자살이라고 어린 마음에 생각했었다. 아이를 둘러싼 환경을 바꿔나가지 않으면 이 아이의 절망감을 걷어내지 못할 것이고, 실제로 자포자기해서 자살이라는 비극적인 결과로 이어질 가능성도 낮지는 않았다.

이 남학생이 절망감을 떨쳐버리기 위해서는 어머니를 포함한 주변의 노력이 필요하고, 또 실제로 학대를 당하고 있는 환경에서 분리시켜 아이의 안전을 확보할 필요가 있었다.

학교에서의 자살예방 교육

일본에서는 청소년의 자살자수가 자살 전체에서 차지하는 비율이 비교적으로 낮고, 자살률 전체도 그다지 급격한 변화를 보이지 않았기 때문에 청소년기의 자살예방에 대해서는 대책을 거의 실시하지 않고 있었다. 그렇다면 해외의 경우는 어떨까? 예를 들어, 미국에서는 1950년대부터 1980년대에 걸쳐 청년들의 자살률이 급증하게 된 사회적인 문제 때문에 학교에서의 자살예방교육이 시작되었다. 호주나 뉴질랜드에서도 최근 청년 자살이 늘어나면서 국가 차원의 자살예방 대책을 시작하는 중요한 동기가 되었다.

조사 결과에 따르면, 청소년이 자살 문제를 안고 있을 때, 누구에게 상담할 것이냐는 질문에 부모도 교사도 아니라 같은 세대의 또래라고 말한 답변이 압도적으로 많았다. 자살을 생각할 만큼 궁지에 내몰린 본인도 그리고 친구의 자살 생각을 솔직하게 고백 받은 친구도 이러한 사태에 어떻게 대응하면 좋을지 전혀 모르고 막다른 길에 내몰리면서 비극적 결말이 일어나버릴 수도 있다. 그래서 오늘날 청소년들을 직접 대상으로 하는 자살예방 교육의 필요성이 강조되고 있다. 청소년을 대상으로 삶과 죽음에 초점을 맞춘 교육을 실시하는 것이 결코 해가 되는 것이 아니라, 오히려 이런 문제를 금기시하지 않는 것이 자살예방으로 이어진다.

미국 캘리포니아주의 사례를 보면, 청소년에 대한 자살예방 교육의 일환으로 학생, 부모, 교사를 대상으로 하는 프로그램이 있다.

(1) 학생을 대상으로 하는 자살예방 교육

① 일반적인 가치관을 강요하지 않고 통계적인 사실을 제시하며 자살이 얼마나 심각한 문제인지를 지적한다. ② 스트레스와 우울증 그리고 자살의 관계를 설명한다. 자살위험은 많은 사람들이 평생에 걸쳐서 나타날 가능성이 높으며, 최대한 빨리 그것을 알아차리고 적절히 대처하면 회복할 수 있다는 것을 강조한다. 구체적으로 우울증의 증상을 설명한다. ③ 약물남용과 자살의 관계에 대해서도 다루도록 한다. ④ 자살을 심각하게 고려하고 있는 친구의 심정을 이해하고 어떻게 대응해야 할지를 실제 역학놀이를 통해서 교육한다. 그리고 마지막에는 책임 있는 어른에게 이 사실을 전해야 하고, 어린이도 또래끼리 비밀로 하지 않는다는 것을 강조한다. ⑤ 지역에 있는 자살예방 관련기관(병원, 경찰, 소방, 전화 상담기관 등)을 학생이 실제로 방문하여 그 활동을 견학하기도 하고 비상 전화번호부를 스스로 만들어 둔다.

(2) 부모를 대상으로 하는 자살예방 교육

부모를 대상으로 하는 교육에 대해서도 청소년 자살의 실태, 자살의 사인을 어떻게 파악하는지, 어떻게 대응하고 적절한 도움을 받을 수 있도록 연결할지 등에 대해 강조된다. 중요한 점은 위기가 생기기 이전부터 학교와 부모 간에 양호한 관계를 만들어놓는 것이다. 예를 들면, 학생에게 자살의 위험이 다가오고 있다는 것을 교사가 알아차리고 즉각 부모에게 연락을 해도 부모가 사태의 심각함을 부인하는 경우가 있다. 시기를 놓치지 않도록 효과적인 개입이 이뤄지기 위해서는 평소에 부모와 담임교사 간에 신뢰관계가 형성되어 있어야 한다.

(3) 교사를 대상으로 하는 자살예방 교육

청소년의 자살 문제가 가족 전체의 병리를 대표하고 있는 경우가 자주 있다. 아이들이 필사적으로 도움의 목소리를 내고 있어도 부모는 그것을 받아들일 만한 여유를 갖지 못하고 있는 경우도 적지 않다. 이러한 상황에서 하루 중 많은 시간을 아이들과 보내고 있는 교사가 가족 전체가 안고 있는 문제를 가장 먼저 알아차리는 일도 적지 않다. 그렇기 때문에 교사가 할 수 있는 역할은 지극히 크다. 교사를 대상으로 하는 예방교육에서는 반드시 그 지역의 정신보건 전문가를 포함시킨다. 왜냐하면, 실제로 학생 자살의 위험이 커졌을 때라야 급하게 정신보건 전문가를 찾기 시작하는데, 그러면 잃는 시간에 따른 영향이 너무도 크게 된다. 따라서 평소에 교사가 지역에서 활동하고 있는 정신보건 전문가와 안면을 쌓아두는 것의 의미는 매우 크다. 그리고 청소년의 자살과 그 예방에 대해 교사가 올바른 지식을 지니는 것은 교사 자신의 정신건강을 지키는 것으로도 이어진다.

학교에서의 이러한 자살예방 교육은 전반적으로 호의적으로 받아들여지고 있고 효과도 나타나고 있다. 그러나 이에 대한 비판이 전혀 없는 것도 아니다. 스트레스 모델만을 강조하여 누구나 강한 스트레스에 노출되면 자살로 내몰리게 된다는 교육방법은 너무나 단순화된 것 아니냐는 비판도 있다. 오히려 자살의 배경에 있는 마음의 병에 관한 교육에 보다 중점을 두어야 한다고 주장하는 사람들도 있다. 또 자살에만 초점을 맞추는 것이 아니라 문제 해결능력을 전반적으로 개선시켜가는 프로그램을 개발하는 쪽이 더 효과적이라는 의견도 있다. 또 학생전체를 대상으로 하는 것이 아니라 고위험군 학생을 대상으로 하는 프로그램이 더 효과가 있다고 주장하는 사람들도 있다.

그렇다면 일본의 현재 상황은 어떠할까? 문부과학성이 학교에서의 자살예방 교육이나 매뉴얼 작성을 검토한 적은 있지만, 이 책을 쓰고 있는 시점까지 아직 실시되지 않고 있다. 시기상조라는 의견이 강한 것 같다. 지역, 직장, 1차의료 케어 현장, 한창 일할 시기의 사람들, 고령자를 대상으로 하는 여러 가지 자살예방 활동이 시작되고 있지만 청소년을 대상으로 하는 자살예방 활동은 안타깝게도 일본에서는 그다지 중요시되지 않고 있다.

학생을 직접 대상으로 하는 예방교육이 시기상조라고 한다면, 적어도 교사를 대상으로 하는 예방교육부터라도 시작했으면 한다. 실제 현장에서 이 문제가 얼마나 심각한지를 통감하고 있는 교사들이 많고 일부 지역에는 자주적인 연구회도 열고 있다. 청소년의 자살 문제에 대해 교사가 정확히 이해하고 그 대응방법을 몸에 익히는 것부터 시작하는 것에서 돌파구를 찾는 것도 좋을 것이다.

그것마저 할 수 없다면, 불행하게도 자살이 일어났을 때 남겨진 학생들의 마음 케어를 즉각 실시해야 한다. 형식적으로 학교상담 전문가가 파견되는 경우도 있지만 사후개입(postvention)에 대한 충분한 지식이나 경험이 있는 사람은 거의 없는 것이 현실이고, 파견되었지만 상담 전문가 본인이 어떻게 대응하면 좋은지 몰라 현장의 혼란을 가중시키는 경우도 있다. 이들을 훈련하는 체제도 만들어야 한다.

장년층과 중년층의 위기

종래에 중장년층은 한창 일할 나이이고 한 가족의 가장으로서 마음의 균형이 붕괴된다는 것은 전혀 관계없는 일인 것처럼 생각되었다. 그러나 최근에는 이 세대의 자살이 늘어나 한꺼번에 문제들이 표면화된 느낌이 든다.

정신과 의사를 하다 보니, 인생에는 여러 가지 넘어야할 큰 산이 있다는 것을 실감한다. 처음은 사춘기이다. 자기 자신을 찾는 과정과 마주한다. 나는 누구인가, 다른 사람과 비교해서 나의 존재가 특별한 이유는 무엇인가, 사회에 어떠한 공헌을 할 수 있는가와 같은 자신의 정체성 확립이 중요한 과제가 된다.

그리고 다음의 큰 산은 장년기에 찾아온다. 주변사람들에게는 사회적인 역할에 충실하고, 행복해 보이며, 아무런 문제도 없는 것처럼 보일지 모른다. 그러나 본인은 지금 자신에게 놓여 있는 상황, 그리고 앞으로 남은 인생동안 무엇을 할 수 있을지에 대한 불안에 쫓기고 있는 경우가 적지 않다. 실제로 이 세대는 우울증이 잘 생길 수 있는 연령과도 일치한다.

상황을 복잡하게 만드는 것은 자신만이 문제를 가지고 있는 것이 아니라 중장년 사람들의 주변 상황도 다양하게 변화하기 시작한다는 점이다. 결혼하여 아이가 있는 사람이라면 그때까지의 부모자식 간의 관계도 크게 바뀔 가능성이 있다. 아이는 자신만의 가치관을 주장하고 자립을 시도한다. 배우자와의 관계도 지금까지와는 다르게 크게 변화될지 모른다. 게다가 지금까지 무엇이든 의지할 수 있었던 부모가 나이 들어 도움이 필요하게 되거나 사망하는 경우와 같은 일들도 현실에서 일어난다. 중장년의 사람들 자신에게도 여러 가지 변화가 생긴다. 건강진단으로 이상을 지적받아 건강에 대한 자신감을 잃고 불안을 느끼는 사람도 있을 것이다. 실제로 큰 병을 앓게 될 수도 있다. 게다가 직장에서도 자신보다 확실히 능력이 없다고 생각했던 사람이 자신보다 더 높이 평가받아 자신감을 잃게 되는 상황도 있을 수 있을지 모른다. 회사의 실적 악화로 인해 감원 대상이 되는 경우도 최근에는 현실적인 문제가 되고 있다.

이 세대가 바라는 것은 남은 인생동안 자신이 할 수 없는 일은 무엇인지, 꼭 하고 싶은 일은 무엇인지 등 인생을 정리를 하는 단계라고 해도 과언이 아니다. 이것에 실패하는 것이 바로 중장년의 위기가 되고 최악에 경우는 우울증을 비롯한 마음의 병이 발병하는 계기가 될 가능성도 있다.

인생을 등산에 비유해 보자. 아무리 건강한 사람이라도 쉬지 않고 계속 걸어갈 수 있는 사람은 없다. 중장년이 된 지금이야말로 조금 긴 휴식을 필요로 한다.

우선 큰 짐을 내려두고 땀을 닦는다. 그리고 지금까지 걸어온 길을 되돌아보면 좋겠다. 자신이 생각한 것 이상으로 길고 험난한 길을 걸어왔다는 것을 알고 놀랄 것이다. 그 점을 솔직하게 인정하고 자신을 칭찬하자.

다음은 짐을 점검하는 것이다. 앞으로의 길을 생각하면서 정말로 필요한 짐이 무엇일지를 생각해본다. "언젠가 이것도 필요하겠지, 저것도 필요할 거야"라는 생각으로 어느새 너무나 큰 짐을 안고 있는 것은 아닐까? 불필요한 물건을 짊어지려다 그 무게에 짓눌리면 의미가 없다. 정말로 필요한 것 이외는 정리할 수 있는 용기를 가지기를 바란다. 다음으로 앞으로 걸어갈 행선지를 확인한다. 처음에 예정했던 경로를 그대로 가는 것이 좋을지 아니면 당시의 체력이나 날씨를 고려해서 다른 경로를 선택하는 것이 좋을지를 선택한다.

이러한 점검이 끝나면, 조금은 가벼워진 짐을 다시 메고 이제 출발이다.

일생의 절반을 지나 여러 문제들에 압도될 뻔했을 때, 이런 식으로 생각해볼 수는 없는 것일까? 있는 그대로의 자신을 받아들이고 필요한 것을 정리하는 것, 이것이 마음의 균형을 유지하는 첫 발걸음이 아닐까 하고 나는 생각한다.

빈 둥지 증후군

앞에서 중장년층의 위기에 대해 언급했지만, 이것은 남성에게만 일어나는 일이 아니다. 50세 중반인 여성이 외래수진을 받으면서 다음과 같은 이야기를 하였다.

"저는 모두가 부러워할 만한 조건을 다 갖췄는데 요즘은 왠지 모르게 자꾸 공허해지기만 합니다."

세 명의 아이들은 대학교를 졸업하고 취업하여 자립하였다. 막내딸도 최근에 결혼하였고 남편도 건강하고 열심히 일하고 있다. 지인들 모두가 이 여성을 진심으로 부러워한다고 한다.

저도 아무런 불만이 없어요. 그런데 그런 일상 속에서 문득 도대체 나의 인생은 무엇이었을까 하는 생각에 빠지게 되곤 합니다. 30년 이상을 가사와 육아에만 집중해왔습니다. 그 이외에 무엇을 해왔냐고 물으면 대답할 자신이 없어요. 딸은 결혼한 후에도 일을 계속하고 있습니다. 앞으로의 여성들은 그렇게 하는 것이 좋다고 생각합니다.

이 여성은 학생 시절에는 자원봉사단체에서 적극적으로 활동하며 친구와 여행을 다니는 것도 즐겼다. 그런데 젊은 나이에 결혼한 이후로는 가정에만 있었다.

가족을 우선시 해온 인생이었지만 큰 불만도 없었고 오히려 남편의 승진이나 아이들의 성장을 바라보며 뿌듯함을 느꼈었다. 세 명의 아이들은 아무런 문제없이 잘 자랐고 본인도 그것을 자랑스러워하였다.

위의 내용은 '빈 둥지 증후군'의 전형적인 사례이다. 열심히 지켜온 둥지에서 언젠가 어린 새들이 성장하여 둥지를 떠나가는 날이 반드시 온다. 또 그렇게 되어야만 한다. 그러나 동시에 자신이 전력으로 지켜 왔던 둥지가 어느 날 완전히 빈 것을 알게 된다. 지금까지의 자신의 인생은 무엇이었나 하는 의문과 함께 텅 빈 느낌이 밀려온다.

중장년 남성이 일로만 가치를 찾으려고 하는 것과 같이, 그녀들은 가사나 육아에만 너무나 많은 에너지를 쏟아왔다. 그 유일한 가치 존재가 자신의 손아귀에서 떠나버리면, 큰 상실감과 함께 텅 비어버리고 가라앉은 느낌이 든다.

주변 사람들은 아이가 자립하더라도 남편이 곁에 있지 않으냐고 생각할지 모른다. 그러나 원래 중장년이 되면 부부 관계가 약해지는 경우가 적지 않다. 남편은 일에 중독되어 식사와 잠을 위해서만 집에 오는 것 같다. 그러한 남편도 몇 년 후가 되면 정년을 맞이한다. 하루 종일 특별히 하는 일도 없이 둘이서 집에 있게 되는 것은 도저히 견딜 수 없다, 그녀들의 고민은 더욱 심각해진다.

이것은 중장년 여성이 느끼는 공허함을 나타낸다. 그리고 경우에 따라서 우울증을 비롯한 마음의 병으로 이어질 가능성도 있다(참고

로 빈 둥지 증후군은 반드시 여성에게만 일어나는 병리가 아니라 남성에게도 일어난다는 점을 덧붙여 둔다),

빈 둥지 증후군과 직접적인 관계는 없지만 이 연령층의 여성과 관련되는 것이 또 하나 있다. 여러 가지 마음과 몸의 증상이 나타나는데 그것을 갱년기 장애가 틀림없다고 믿어버린다. 이 연령대에서는 대부분의 사람들이 다소간에 고민하는 것이라고 자신을 납득시키는 경우가 많다. 그런데 증상이 심한 경우는 부인과 진료를 받는 것이 좋다. 그리고 부인과 진료를 받은 뒤에도 증상이 개선되지 않는 경우에는 마음의 문제가 감춰져 있을 가능성도 생각해볼 필요가 있다. 갱년기 장애라고 치부해버리는 상태 가운데, 종종 우울증인 경우가 있기 때문이다.

과로자살 재판의 의미 - 덴쓰사(電通社) 과로 자살사건에서

최근에 행정의 측면에서도 서서히 자살예방 대책에 나서기 시작했지만, 그 배경에는 1990년대 말부터 시작된 자살급증 문제만 있는 것은 아니었다. 1990년대에는 일련의 과로자살재판이 일어나, 사법적 판단이 내려진 것도 큰 요인이 되고 있다. 대표적인 과로자살 재판사례가 몇몇 있는데 최고재판소까지 가게 된 덴쓰사 재판을 간단하게 소개한다(자세한 것은 川人博 著, 『過勞自殺』, 岩波新書, 1998 참조).

1991년 8월 27일, 대기업 광고회사인 덴쓰사의 사원 A씨(당시 24세)가 자살하였다, 살아 있을 때의 정황을 알고 싶다고 부모가 회사에 문의했지만, 당시에는 사원이 자살하면 피해를 입은 쪽은 회사라는 분위기가 일반적이어서 회사 측은 성실하게 대응하는 자세를 보이지 않았다. 그래서 유가족은 A씨가 장시간 노동과 심리적인 학대를 받아서 우울증에 걸렸다고 판단하고 회사를 상대로 약 2억 2,200만 엔의 손해배상을 청구하는 민사상의 소송을 제기하였다.

1996년 3월 28일, 도쿄지방법원은 원고의 주장을 전면적으로 인정하여 덴쓰사에 약 1억2,600만 엔의 손해배상을 명했다. 이것은 과로자살에 대해 법원이 판결을 내린 첫 번째 사례가 되었다.

회사 측은 항소했지만, 1997년 9월 26일 도쿄고등법원은 1심의 판결을 대부분 받아들였다. 그렇지만 본인이나 가족에게도 일부 책임이 있다고 하여, 배상액을 약 8,900만 엔으로 감액시켰다. 즉, 우울증에 걸린 시점에서 가족들 또한 적절한 치료를 시키지 않았다는 것에 대한 자기책임을 물은 것이다.

이것에 대해 유가족 및 회사 양측이 상고하여 최고재판소의 판단을 따르게 되었다. 그리고 2000년 3월 24일, 과로자살에 대한 최고재판소의 판단이 처음으로 내려졌다. 최고재판소 제2 소법정은 재판관 전원일치로 덴쓰사 측의 상고를 기각하고 유가족 측 주장을 인정했다. 게다가 2심에서 본인이나 부모에게도 일부 책임이 있다고 하여 손해배상액을 감액시킨 부분을 번복하여, 도쿄 고등법원에 되돌려 보냈다. 상식을 벗어난 장시간 노동과 자살과의 인과관계, 회사 측의 안전배려의무 위반이 있던 점, 가족들의 자기책임이 없다는 것을 최고재판소가 명확히 인정한 것이다.

결국, 2000년 6월에 합의가 이뤄져, 덴쓰사는 사죄하고 약 1억

6,800만 엔을 지불하였다.

이외에 대표적인 과로자살로서 가와사키제철(川崎製鉄)의 재판이나 오타후쿠소스(オタフクソース) 등의 재판이 있지만, 최고재판소까지 갔다는 점에서 덴쓰사 재판사례가 가장 많이 알려져 있다. 그래서 이것을 중심으로 일련의 재판의 이유를 생각해 보자.

① 업무 기인성(장시간 노동과 자살의 인과관계)

이 재판에서 최고재판소의 판결이 내려질 때까지는 스트레스와 자살 간의 인과관계를 증명하기가 매우 어려웠기 때문에, 산업재해 신청을 해도 업무 외의 일이라고 인정받지 못하는 사례가 대부분이었다. 예를 들어, 과도한 스트레스를 받아도 우울증이 발병하는 사람과 그렇지 않은 사람이 있다. 또 우울증에 걸려도 자살하는 사람도 있는 반면, 아무리 중증이라도 자살하지 않는 사람도 있다. 성격요인이나 직장 이외의 갈등 등이 조금이라도 영향을 미치게 되면 업무기인성이 인정되기는 매우 어려웠던 것이다. 예를 들어, 직장에서의 과도한 스트레스가 있더라도 아이들의 수험, 부모 돌봄 등의 문제를 같이 떠안고 있으면 그것도 스트레스의 일부로 고려되어 버리는 것이다.

그런데 덴쓰사 재판에서는 어느 정도의 타당한 관계가 인정되면, "상식을 벗어나는 장시간노동 → 우울증 → 자살"의 인과관계가 있다고 인정된 것이다.

다만, "상식을 벗어난 장시간 노동"을 증명하는 것이 유가족에게는 매우 어려운 문제이다. 일본에서는 무임금 야근이 일반화 되어 있어서, 시간외 노동의 실태를 증명할 방법이 없고, 이를 악용하여 회사 측이 장시간 노동을 부정하는 사례가 자주 있기 때문이다. 덴쓰사 재판에서는 회사 건물 출입구에서 경비원이 적어놓은 퇴근기록을 바탕으로 A씨의 가혹했던 노동시간의 실태가 증명되었다. 오타후쿠소스 재판에서도 자살 직후에 어머니가 동료로부터 근무 실태에 대한 자세한 이야기를 들었던 것이 증거로 채택되었다. 이렇게 노동 실태 자체를 증명하는 것이 유가족의 책임이 되어 버리는 것 자체가 재판을 어렵게 만들고 있다.

② 안전배려의무

직장에서의 정신건강의 중요성이라는 점에서도 최고재판소가 회사 측에 안전배려의무에 대해 지적했던 점은 크다. 사용자(회사)는 종업원의 심신 건강을 해치지 않도록 노동환경을 정비할 의무가 있다고 하였다. 불행하게도 이로 인해 정신질환에 걸린 경우에는 초기 단계에서 그것을 알아차리고 적절한 조치를 취해야 할 책임이 회사 측에 있다고 하였다.

③ 자기책임

덴쓰사 재판에서는 건강하지 못한 심신 상태를 호소하고 있었음에도 불구하고 의료기관으로부터 적절한 진료를 받도록 하는 등 적절한 대책을 취하지 않았던 것은 본인 및 가족에게도 책임이 있다는 회사 측 주장을 최고재판소는 기각했다. 입사 2년차에 불과한 A씨에게는 자기 판단 하에 과중한 일을 가볍게 처리할 재량권이 실질적으로 없었다고 판단되었던 것이다.

참고로 A씨는 24세라는 젊은 사원이었지만, 그보다 나이 많은 사람의 경우에는 향후 자기 책임을 보다 엄격히 묻는 판결이 나올 가능성도 있다는 의견이 이미 법률 관계자 사이에서도 나왔었다. 실제로 가와사키제철 재판에서는 자살한 사람이 41세이고 계장이라는 관리직에 있었기 때문에 일부 자기 책임을 묻게 되었다.

노동성의 대응

과로자살 재판이 가져온 사회적 파장은 컸다. 그때까지는 피해를 입는 것은 회사 측이라는 분위기가 강했고, 유가족은 깊은 마음의 상처를 입으면서도 울며 겨자 먹기로 단념할 수밖에 없었지만, 일련의 재판을 통해서 행정기관도 서서히 움직이기 시작하였다. <표 1-1>에 앞에서 서술한 재판과 노동성(현 후생노동성)의 움직임에 대해 정리했다.

덴쓰사 재판의 1심 판결이 나온 직후인 1996년 4월 8일에 도도부현(都道府県) 노동기준국장 앞으로, 노동성 노동기준국장 명의의 '시간 외 노동의 축소 및 적정한 노동시간 관리 철저에 대해'란 지침이 통지되었다. 즉, 노동시간이 과중되지 않도록 시간 외 노동의 축소를 도모하고 무임금 야근을 하지 않도록 적정한 노동시간의 관리를 철저히 할 것을 통지한 것이다.

또 산재인정 기준에 대해서도 큰 개선이 이뤄졌다. 1999년 9월에 정신장애나 자살에 대한 새로운 산재인정 기준이 발표되기 전까지,

〈표 1-1〉'과로자살' 재판과 노동성의 움직임(연/월)

이전의 재판	가와사키 재판	오타후쿠소스 재판	노동성의 움직임
93/01 피해배상 소송	94/06 손해배상 소송		
96/03 일반법원 재판		96/03 산재신청	96/04 「규정 이외의 노동 삭감 및 적정한 노동 시간 관리의 철저에 대해」
		96/10 손해배상 소송	
	97/07 산재 각하		
97/09 고등법원 재판		97/12 산재인정	
	98/02 1차 원고 승소		
98/08 산재인정			
00/03 최고재판소 판결	00/03 판결 번복, 산재 인정		99/09 「심리적 부담 으로 인한 정 신 장애 등에 관련된 업무 상 외의 판단 지침」(산재 인 정법의 변경)
	00/04 합의 권고	00/05 전면승소	
00/06 합의			
	00/10 합의		00/06 「마음의 건강 만들기 계획」 (4가지 케어)

자살은 자발적인 의사로 인한 행위이고 원칙적으로 산재의 대상이 되지 않았다. 굉장히 엄격한 조건에 해당되는 경우에 한해, 산재로 인정했지만 새로운 기준이 발표되기 전까지는 몇 가지 사례밖에 인정받지 못했던 것이 현실이었다.

새로 통지된 판단지침은 구체적으로는 「심리적 부담으로 인한 정

신 장애 등에 관련된 업무상 외의 판단지침에 대해」,「정신장애에 따
른 자살 처리에 대해」,「심리적 부담으로 인한 정신 장애 등에 관련
된 업무상 이외의 판단지침의 운용에 관한 유의점」 등에 대해"이다.
새로운 판단지침에 따라 다음과 같은 방침을 취하게 되었다.

① ICD·10(WHO의 국제질병분류 제10판)의 대상 질병에 해당하
  는 정신장애가 발병하고 있다.
② 발병 전 대략 6개월 이내에, 객관적인 해당 정신장애를 발병시
  킬 우려가 있는 업무에 기초한 강한 심리적 부담이 인정된다
  (자살이 일어나기 전, 한 달간의 잔업시간이 100시간 이상, 6개
  월간 월 평균 잔업시간이 80시간 이상).
③ 업무 이외의 심리적 부담 및 개체 측의 요인으로 인해 해당 정
  신장애가 발병했다고는 인정할 수 없다.

여기에서 중요한 점은 우선 심인성(心因性)인지 내인성(內因性)인
지 판단에 관계없이 정신장애의 유무를 판정하도록 한 점이다. 종래
에는 심리적인 사건이 정신장애를 일으키게 한 원인이라는 것이 명
확할 경우 심인성 정신장애가 되었으며, 반면 보다 생물학적·유전적
인 요인이 강하고 심리적인 원인이 명확하지 않는 경우, 내인성 정
신장애로 하였다. 종래에는 심인성 정신장애의 경우에 한해, 산재가
인정되는 것이 원칙이었다. 그러나 최근에는 전문가 사이에서도 이
두 가지가 명확히 구별될 수 있는 것이 아니라는 인식이 강해지고
있다.

또 심신상실을 요건으로 한 것을 없앤 점도 새롭다. 심신상실이란 형법상의 용어이고 정신장애로 인해 사물에 대한 판단능력(변별력)이 없는지, 또 이 변별력에 따라 행위를 하는 능력(제어능력)이 없는 상태를 말한다. 예를 들면, 지금까지 유서가 존재했던 경우에는 유서를 쓸 수 있을 정도인 것을 고려하여 자살에 대한 정상적인 판단능력이 있다고 판단하였다. 따라서 자발적으로 일으킨 행위로 간주하여 심신상실로 인정되지 않아 산재로 인정되지 않는 경우가 있었다. 그러나 새 지침에서는 유서의 경우 관련된 하나의 자료로만 다뤄지게 되었다.

직장에서의 심리적 부담 평가표, 직장이외에서의 심리적 부담 평가표를 만들어 객관적인 평가가 이뤄지도록 하였다. 그 결과 <그림 1-8>에 제시되어 있는 것과 같이 정신장애나 자살에 관한 산재인정 신청횟수와 실제 인정된 횟수는 1999년을 기준으로 급증하였다.

그리고 노동성은 '노동자의 정신건강 대책에 관한 검토회'를 소집하여 그 결과를 「노동 현장에서의 마음 건강 만들기 대책에 대해」라는 제목의 보고서로 정리하고, 2000년 6월에 발표하였다. 이것은 사업장에서의 마음 건강 만들기 대책의 기본적인 진행 방법, 마음 건강 만들기 대책에 대해 사업장이 실시해야 할 사항, 마음 건강 만들기 대책에 대해 행정기관 및 관련단체가 지원해야 할 사항 등을 정리한 것이다.

그 중에서 다음 4가지 케어를 밀접하게 연계하여, 지속적·계획적으로 직장에서의 마음 건강 만들기를 계획할 필요가 있다고 서술하고 있다.

① 셀프케어(노동자 스스로가 스트레스를 알아차리고 대처)

마음의 건강 만들기는 노동자 스스로가 셀프케어를 적극적으로 실시하는 것부터 시작한다. 셀프케어에 관한 지식, 기술 등을 노동자에게 제

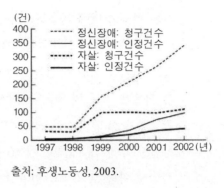

출처: 후생노동성, 2003.

〈그림 1-8〉 정신장애의 산재보상 상황

공하는 것과 동시에 상담체제를 정비한다.

② 라인에 따른 케어(관리 감독자가 행하는 직장 환경 등의 개선과 상담에 대한 대응)

작업 환경, 작업 방법, 노동 시간 등의 직장 환경을 개선하다. 관리 감독자는 노동자에게 장시간의 노동, 과중한 피로, 심리적 부담, 책임 등이 생기지 않도록 한다. 관리 감독자는 마음 건강 문제를 갖고 있는 노동자를 알아차려서 이야기를 듣거나 필요한 조언을 하는 등 마음 건강 문제의 조기 발견 및 조기 대처에 노력한다. 관리 감독자에 대해 마음 건강에 관한 교육 연수를 실시한다.

③ 사업장 내 산업보건 관계자에 의한 케어(산업의에 의한 전문적 케어)

사업장내 산업보건 관계자가 직장 환경에 대해 평가하고 관리 감독자와 협력하여 개선을 시도한다. 사업장 내에서 노동자의

　　마음 건강 상담에 대응하는 상담 기능을 한다. 또 사업장내 산업보건 관계자는 전문적인 치료가 요구되는 노동자에게 사업장 이외의 적절한 방법을 소개하여 노동자의 직장 복귀 및 직장 적응을 지도 및 지원한다. 사업장 내의 산업보건 관계자는 필요한 지식 및 기술을 습득한다.

④ 사업장 외의 자원에 의한 케어(사업장 외 전문 기관에 의한 케어)
　　사업장 외 전문 기관과 연계를 도모한다. 사업장 외 전문 기관에는 지역산업보건센터, 산업보건추진센터, 중앙노동재해방지협회 등이 있다. 가족, 지역의료보건기관과의 연계가 유효한 경우도 있다.

　개인, 직장, 그리고 직장 내·외의 전문기관이 연계하여 노동 현장에서의 정신 건강을 개선해가려는 방침은 중요하다. 그러한 방침을 바탕으로 현장에서 어떠한 방식으로 구체적인 대책을 취할지가 향후 과제가 된다.

《증례 2》 45세 남성 원격지로 단신 부임을 하면서 우울증에

　입사 이후 정비(整備)를 전문으로 근무해왔지만 승진과 동시에 익숙하지 않은 인사담당 부서에 배치전환되었다. 본인의 의사와는 관계없는 발령이었다. 자신에게 주어진 일을 착실히 해가는 성격이라 정비는 성격에 잘 맞았다. 또 이번 인사이동에 따라 어쩔 수 없이 먼 곳으로 단신 부임을 하게 되었다. 승진하지 못하더라도 지금과 같이 익숙한 일을 계속 하고 싶다고 고민했다.

그래서 개인적으로 조언을 구할 수 있는 선배에게 상의를 하였다. 그랬더니 "나이에 맞는 지위라는 것이 있다. 누구나 처음에는 다소 불만을 품는 것이 당연하다. 모처럼의 기회인데 놓칠 수는 없지 않느냐. 자신의 사정만 생각한다면 조직은 발전할 수 없게 된다. '일이란 막상 닥쳐보면 의외로 쉽게 풀리는 법'이라는 이야기도 있다. 이 세상에는 실제로 겪어보면 예상외로 잘 풀리는 일이 더 많다. 자리가 사람을 만들기도 한다"라며 오히려 격려까지 해줬다. 그럴 수도 있겠다고 생각하고 주변의 기대도 있어서, 결국 자신의 주장을 내세울 수 없었다.

불안을 안은 채로 부임하였다. 그러나 지금까지 전혀 경험해 본 적이 없는 업무였고 직장의 분위기도 달랐다. 몇 개월 후에 정규 인사이동이 예정되어 있었기 때문에, 곧바로 그 조정 업무를 하지 않으면 안 되었다. 이 남성은 중간관리직 이하의 인사이동을 담당하고 있었는데, 어떤 사람을 보낼 부서와 받을 부서 간 조정에 고생했다. 겨우 정해진 인사이동도 본인이나 상사로부터 불만이 나와서, 직전에 백지로 되돌아가 버리는 경우도 여러 번 있었다.

근무시간은 심야까지 이어졌다. 막차를 놓쳐 직장에 머무는 경우도 계속되었다. 주말에도 남은 업무를 끝내기 위해 출근하고, 집에 돌아가서 쉬는 것도 어려워졌다.

기계를 꼼꼼히 정비를 하고 있던 예전의 업무가 그리웠다. 부임한 지 한 달쯤 후부터 잠을 잘 수 없게 되고 무리해서 자려다 보니 주량이 늘어났다. 술의 힘을 빌려 몇 시간 동안은 잠을 잘 수 있었지만 금방 깨어버렸다. 피곤한 상태였지만 숙면을 취할 수 없었고, 얕은 잠에서 깨어나면 온몸이 납처럼 무거웠다. 시간이 되면 식사를 해야 한다고 생각은 했지만 입맛이 전혀 없었다. 마치 모래를 씹는 것 같았다. 단기간에 바지가 느슨해지는 것을 느꼈다.

그래도 어찌어찌 출근은 하고 있었지만 시간이 지나도 익숙해질 기미는 보이지 않았다. 원래 익숙하지 않은 일이었기 때문에 능률도 오르지 않았다. 지금쯤이면 익숙해져서 바로 해결할 수 있어야 하는 간단한 업무조차 좀처럼 완수하지 못했다. 멍한 상태에서 문득 정신차려보면 몇 십 분이 지나 있었다. 집중을 하지 못하여 아주 사소한 일도 결단을 내릴 수 없게 되어버렸다.

서서히 '나는 쓸데없는 사람이다', '직위에 맞는 일을 못하고 있다', '모두에게 피해를 주고 있다'라는 생각에 압도되어 하여간 이곳에서 도망치고 싶다는 생각을 하게 되었다. 직장 사람들은 새로 부임한 이 남성의 본래의 성격을 몰랐기 때문에, '이번에 온 계장님은 조용한 사람이다', '계장치고는 별로 일을 못하네'와 같은 생각을 하고 있었다. 특별히 친한 사람도 없는 새로운 일터였기 때문에 상의할 만한 사람도 찾을 수 없었다.

어느 날 아침, 눈은 떴지만 직장에 가는 것이 매우 귀찮게 느껴졌다. 그 귀찮음은 지금까지 느꼈던 것을 훨씬 뛰어넘는 것이었다. '지금 나가지 않으면 지각이다'라고 생각하면서도 이불에서 나갈 수 없었다. 직장에 전화를 걸어 결근한다는 연락조차 할 수 없었다. 입사 이후 무지각 무결근이었고 유급휴가조차 거의 내지 않던 사람이었다. 그러다 '더 이상은 안 되겠다. 나를 아는 사람이 아무도 없는 곳으로 가버리고 싶다'라는 생각에 사로잡혔다. 그곳에서 도망치고 싶다는 생각뿐이었다.

점심시간에 가까워져 양복으로 갈아입고 전철에 탔지만 갈 곳도 정하지 않은 채 여러 번 전철을 갈아탔다. 그 사이의 일들은 잘 기억하지 않는다. 밤에는 동북지방(東北地方)의 어느 도시에 도착하였다. 자신이 돌이킬 수 없는 일을 해버렸다는 사실을 알아차리고 갑자기 죽음이 머릿속을 스쳐지나갔다. 너무 피곤했지만 공복감은 없었다. 비즈니스호텔에서 묵거나 공원에서 노숙하면서 식사도 거의 하지 않고 가끔 자동판매기로 술을 사다가 마실 뿐이었다. 그리고 반복적으로 머릿속에 떠오르는 것은 죽음뿐이었다.

돈이 다 떨어질 때쯤, 저렴한 숙소에 머물러 오랜만에 목욕을 했다. 술을 마시면서 가족이나 지금까지 도움을 받았던 선배에게 편지를 썼다. 이제야 겨우 편안하다는 생각이 들었다. 술에 취한 상태로 통풍기에 유카타의 끈을 걸었다. 목을 매려고 했는데 끈이 몸무게를 지탱하지 못해 풀어지고 말았다. 잠시 멍한 상태로 바닥에 누워있는데, 죽는 것조차 할 수 없는 것인가 하고, 너무나 우습기도하고 어이도 없었다. 아무도 없는 방에서 나의 웃음소리가 울리던 것이 희미하게 기억난다. 그대로 잠을 자버렸다. 눈을 뜨자 문득 아내가 생각났다. 직장을 벗어나 며칠이 지났는지도 몰랐지만, 집으로 전화를 걸어 아내의 목소리를 들었다.

이것은 중년남성에게 자살 위기가 발생하는 비교적 전형적인 사례라고 할 수 있다. 자살을 시도했지만 다행히 목숨을 잃지 않았고 그 정도의 단계에 이르렀을 때 겨우 가족에게 도움을 청했다. 아내는 곧바로 이 남성에게 달려가 자택으로 데려왔다. 다음날 바로 정신과에 갔더니 우울증 진단을 받았고 즉각 입원치료를 받게 되었다. 치료에 효과가 있어서 약 3개월 후에 직장에 복귀할 수 있었다.

승진으로 인해 익숙하지 않은 타지에서의 단신 부임 생활을 강요 받았을 뿐만 아니라, 지금까지 경험한 적이 없는 업무를 하지 않을 수가 없었다. 또 주변의 도움도 얻을 수 없는 상태에서 고군분투하였다. 원래의 부서였으면 주위 사람들이 이 남성에 대해 잘 알고 있었기 때문에 초기 단계에서 심신의 변화를 알아챌 수 있었을 것이다. 고민이 생겨도 아무에게나 상의할 수 없는 성격이었다. 승진으로 인해 책임이 늘고 실질 노동시간도 확연히 증가했었다.

부임 후 한 달쯤 뒤부터 불면증이나 식욕부진을 자각하고 있었지만 이것이 우울증의 초기라고 생각할 수 있었다. 그러나 이 단계에서 정신과 진료를 생각하는 사람은 거의 없다. 대부분의 중장년 남성의 경우는 술을 마셔서 기분전환을 하려고 하거나 잠을 푹 자려고 한다. 그런데 그것은 역효과를 일으켜 알코올로 인해 더욱더 우울증 증상은 악화되어 간다.

더구나 주의를 집중할 수 없고, 능률 저하, 귀찮음, 자책감 등 전형적인 우울증 증상이 모두 나타난다. 단신생활이기 때문에 가족조차 이 남성의 변화를 알아차리지 못한다.

결국 실종으로 이어진다. 실종이라고 하면 제멋대로인 사람이 스스로 책임을 던져버리고 어딘가로 가버린다는 이미지를 갖기 쉽지만 현실은 그것보다 훨씬 심각하다. 우울증에 걸린 사람이 실종으로 이어진 경우, 자살의 대리현상이라고 받아들여야 한다.

이 남성은 자살미수까지 이르고서야 처음으로 가족에게 도움을 요청하고 정신과 진료를 받을 수 있었다. 이 단계에까지 이르고서야 정신과 진료를 받는다고 하는 경우가 결코 적지 않다. 보다 초기 단계에서 변화를 알아차리고 치료를 받았더라면 이와는 전혀 다르게 전개되었을 가능성이 높다.

고령자: 가장 고위험인 세대

고령자가 자살자 전체에서 차지하는 비율은 고령자가 전체 인구에서 차지하는 비율보다 훨씬 높다는 것은 이미 지적하였다. 2005년에는 65세 이상의 자살자가 전 국민 5명 중 1명을 차지하고 있었다. 그리고 앞으로 고령화가 더욱 진행되어 2015년에는 전 국민의 4명 중 1명은 고령자인 시대가 올 것이다.

세계 선진공업국에서 고령자가 높은 자살률을 보이고 있는 것은 공통적인 경향이며 일본도 여기에 해당된다. 고령화가 급속히 진행될 것이라고 예측되는 일본에서는 고령자의 자살예방이 더욱 중요한 과제가 될 것이다.

노년기는 상실의 세대라고도 한다. 다른 세대에게는 한 번만 경험하는 일일지라도 고령자에게는 심각한 심리적 타격이 될 수 있는 상실 경험이 단기간에 몇 번이나 닥쳐온다. 예를 들면, 사회에서의 역할 축소, 경제적 문제, 배우자나 친구의 사망, 건강 문제 등이 잇따라 고령자를 덮친다. 이 때문에 고령자는 우울한 마음이 되고, 또 죽음에 대한 생각도 젊은 세대에 비하면 확고해져서 주위에 도움을 요청하는 신호를 보내지 않은 채 위험한 방법으로 자살을 시도한다. 그 결과로 고령자의 자살률이 높아진다는 해석이 있다.

이러한 심리적 해석도 중요하지만 그 이외에도 고령자의 자살률을 높이는 여러 가지 요인들이 있다. 예를 들면, 고령자는 신체적인 병에 걸려 그 직접적인 영향 때문에 마음이 우울해지기 쉽고, 병의 치료를 위해 복용하던 약물의 부작용으로 우울해지는 경우도 적지는 않기 때문에 이와 같이 생물학적 요인도 무시할 수 없다.

또한 심리적 요인이나 생물학적 요인 이외에 사회적 요인도 고령자의 자살을 파악하기 위해서는 중요한 열쇠가 된다. 일반인 그리고 고령자 자신도 "나이가 들어서, 다소 기분이 침울할 때가 있어도 어쩔 수 없다"와 같이 지나치게 이해하려고만 하기 때문에, 문제를 제대로 파악하지 않고 적절한 조치를 취하지 않는 것도 현실적으로는 큰 장애가 되고 있다. 고령자에 대해 사회에서 일반적으로 갖고 있는 선입견 때문에, 애초에 해결할 수 있었던 문제도 방치되어 최악의 경우 자살이라는 비극이 일어나버릴지도 모른다.

흥미로운 조사가 하나 있다. 한 기록지에는 환자의 연령이 20세라고 적혀있고 나머지 하나에는 80세라고 적혀있다. 연령을 제외하면 환자의 병력이나 증상기록은 완전히 같다. 그것을 무작위로 선출한 의료 관계자에게 보내 어떤 치료 방법을 사용할지에 대한 응답을 요구하였다. 그러자 증상이 완전히 같은 환자이지만, 고령자에게는 적극적인 약물 치료법이나 심리 치료법을 실시하지 않겠다는 응답이 유의하게 많았다. 이렇게 의료 관계자 사이에서도 "나이가 들었으니까 마음이 우울해져도 어쩔 수 없다. 적극적으로 치료할 할 필요가 없다"고 단정을 지어버리는 경향이 강하게 나타났다.

고령자가 높은 자살률을 보이고 있는 배경으로, 이러한 여러 가지 요인들이 복잡하게 관계되어 있다는 것을 이해해두지 않으면 안 된다.

고령자의 경우에도, 우울증은 자살과 밀접히 관계되어 있는데, 그 이외에도 원래부터 자살 경향이 강한 사람이 어떠한 원인으로 우울한 상태(섬망(譫妄))에서 자살 경향을 행동으로 옮기는 경우가 있다. 혹은 치매 초기에 자주 우울해지고, 그것이 자살 행동으로 이어지는 계기가 되는 경우도 적지 않다. 그래서 우울증(depression), 섬망(delirium), 치매(dementia)의 첫 글자를 따서 고령자의 자살 위험을 나타내는 '3D'라고 부른다.

《증례 3》 69세 여성에게 발병한 전형적인 노년기 우울증

40세 중반에 남편을 여의고 홀로 3명의 아이를 키웠다. 아이들도 어머니를 도우며 생활하고 있어서, 유복하다고는 할 수 없더라도 행복한 가정이었다. 3명의 자식들은 힘들게 대학을 졸업하여 현재는 모두 각자의 가정을 꾸렸다. 자식들은 어머니를 모시겠다고 했지만 건강할 때까지는 혼자 살겠다고 고집을 부렸다.

65세에 일을 그만둔 이후로 연금으로 생활을 하고 있다. 검소한 생활을 하고 있었고, 집도 갖고 있어서 생활이 곤궁해질 일은 특별히 없었다. 친구와 게이트볼을 치거나 가까운 온천에 가는 것이 낙이었다. 일밖에 모르는 인생이었지만, 그 와중에도 일본 무용이나 샤미센(三味線)에 취미도 있어서 노후의 즐거움도 많았다.

67세쯤부터 특별한 이유도 없이, 지금까지 흥미를 갖고 해왔던 일에 그다지 관심이 가지 않게 되어버렸다. 외향적이고 교제를 좋아하는 편이였지만 점차 혼자 집에 있는 시간이 많아졌다. 지인의 권유에 게이트볼 여행에도 참여했지만 이전과는 다르게 힘도 없고 표정도 적어지게 되었다는 것을 주위 사람들이 알아차리기 시작하였다. 달라졌다는 이야기를 들으면, "나도 이제 곧 70이니까요, 나이 때문이에요"라고 쓸쓸하게 미소만 지었다.

멀리 사는 셋째가 반년 만에 찾아와 어머니가 너무나 살이 빠진 것을 보고 놀랐다. 그런 지적에도 역시 "나이가 들면, 식욕도 줄어든다"라고 답했다고 한다. 걱정이 되던 셋째가 어머니를 병원에 모시고 왔다. 내과 검사로는 특별히 신체적인 이상은 보이지 않았다.

그러나 다행스럽게도, 내과 의사가 그곳에서 진찰을 마치지 않고, 편안한 분위기에서 "뭔가 걱정되는 일이라도 있으세요?"라고 물었다. 환자는 잠시 침묵하다가 겨우 입을 열었다. "옛날에는 이불에 들어가면 바로 잠을 잘 수 있었는데, 요즘은 전혀 잠을 잘 수가 없어요"라고 말하였다. 이 질문이 계기가 되어 내과 의사의 물음에 조금씩 대답하게 되었다. 그것을 정리해보면, 최근의 환자 상태는 다음과 같았다.

되돌아보면 필사적으로 일하던 40대 때가 더 보람이 있었다. 아이들도 잘 자라주어 자신은 행복한 어머니라고 생각하였다. 그런데 최근 1년 동안 삶의 보람을 느낄 수가 없다. 이것저것 하다 보니 밤에 잠을 잘 수 없게 되었고 식욕도 떨어졌다. 먹어야 한다고 생각해서, 식사는 하지만 모래를 씹는 것처럼 전혀 맛이 없다. 항상 위 있는 부분이 당기는 느낌이 든다. 단기간에 몸무게가 줄어들었다는 것도 알고 있다. 이러한 증상은 아마 암이나 어떤 병에 걸린 것이 틀림없다. 그러나 이 이상 살아봤자 가족들에게 부담만 줄뿐이라고 생각하니, 암에 걸려 죽는 것도 괜찮을지 모른다. 자살할 용기는 없으니 암은 딱 알맞은 병이라고 생각하였다. 아픈 생각을 하는 것은 싫었지만, 스스로 병원에 갈 수는 없었다고 하였다.

사람들과 사귀는 것도 귀찮아지고 지인이 찾아오지 않으면 하루 종일 집에 누워있었다. 그러나 잠을 잘 수 없어서 피로감만 쌓여갔다. 자식들이 어렸을 적과 남편도 건강했던 때가 생각나서 눈물이 글썽인다. 하루 빨리 남편이 있는 곳으로 가고 싶다고 간절히 바라면서 매일 매일을 보냈다.

이것은 이제까지 건강하게 생활해온 사람이 노년기가 되어 우울 증이 처음으로 발병했을 때 일어나는 전형적인 사례이다. 우울한 기분, 정신운동 억제, 자율신경증상, 자살생각, 망상 등의 증상이 나타났다. 그러나 본인도 주위 사람들도 이것이 우울증이라고는 생각하지 못 하고 있었다. 단기간에 몸무게가 현격히 줄어든 것을 걱정한 자식들이 환자를 내과에 데려와 진료를 받았고, 정신 질환에 식견이 있는 내과 의사의 신중한 진찰 덕분에 환자의 마음에 문제가 있다는 것을 알아차릴 수 있었다. 그리고 내과 의사는 환자를 잘 타일러서 정신과 의사에게 소개하였다. 그리고 삼남 가족과 함께 생활하면서 정신과로 통원 진료를 받으면서 몇 달 만에 완전히 회복되었다는 점을 덧붙인다.

6. 대중매체의 영향—연쇄자살과 네트워크 동반자살

대중매체는 고도로 정보화된 현대사회에서 적절한 정보를 널리 제공함으로써 자살예방에 큰 역할을 할 것이라고 기대되고 있다. 그러나 한편으로는 잘못된 보도 방법으로 자살 위험성이 잠재적으로 높은 사람의 등을 떠밀게 될 수도 있다.

연쇄자살이란

어떤 인물이 자살한 경우, 그 뒤를 이어 다수의 자살이 발생하는 현상에 대해 동서고금에 그 기록이 남아 있다. 이 현상을 연쇄자살(suicide cluster, 群發自殺)이라고 한다. 실제 일어난 자살만이 아니라 픽션에서 표현된 자살이 다수의 자살을 유발했던 사례도 있다.

예를 들면, 독일의 유명한 문학가 요한 볼프강 폰 괴테(Johann Wolfgang von Goethe)는 1774년에 『젊은 베르테르의 슬픔』을 출간하였다. 주인공 베르테르는 약혼자가 있는 여성을 사랑하였지만, 실연하여 결국 총으로 자살하고 만다. 소설이 간행되자마자 베르테르와 같은 복장을 하고 총을 사용해 자살하는 젊은이가 유럽 각국에서 잇따르자, 이탈리아, 덴마크, 독일 등에서는 일시적으로 이 책의 출판을 금지시킬 정도였다.

일본에서도 18세기 초기에 치카마쓰 몬자에몬(近松門左衛門)의 『소네자키 동반자살(曽根崎心中)』이나 『동반자살 텐노아미지마(心中天網島)』등 동반자살을 소재로 한 이야기가 유행한 뒤에 동반자살이 다발적으로 일어났던 사례가 있다. 당시 사람들도 이미 연쇄 자살이 '전염', '유행', '모방'이라는 특징을 갖고 있다는 것을 알고 있었던 것 같다. 동반자살의 유행을 결핵에 빗대어 '동반 결핵(心中伝屍病)'이라고 했다는 기록도 있다.

또 1903년에 제일고등학교 학생인 후지무라 미사오(藤村操)가 게곤폭포(華厳の滝)에서 투신자살을 하자, 그곳이 자살 명소가 되었다. "당시 대중화되기 시작했던 신문이 모두 후지무라의 자살을 찬미했기 때문에, 게곤폭포는 메이지 말년에 자살명소가 되었다. 기사에 따르면, 1903년부터 1911년까지 이 폭포에서 투신자살 및 미수로 보고된 사람은 모두 합해서 200여명이라고 한다"라고 오하라는 기

재하였다(大原健士郎 著,『自殺論』, 太陽出版, 1972).

비교적 최근에 일본에서, 매우 크게 보도되었던 사례로 자주 거론되는 연쇄자살은 1986년에 일어났다. 같은 해 4월 8일에 인기 절정이었던 아이돌 가수 오카다 유키코(岡田有希子)가 손목을 긋고 가스 밸브를 열어 자살을 시도했다. 곧바로 병원에 이송되어 손목의 상처를 봉합하고 항생제를 투여 받은 것 이외에 별도로 정신과 진료는 없었다. 아이돌 가수의 스캔들 누설을 두려워했는지 매니저는 바로 그녀를 소속사 사무실로 데려가 버렸다. 그러나 그녀는 주위 사람들의 시선이 느슨해진 사이에 건물 옥상에서 뛰어내려 목숨을 끊었다. 당시 나이가 18세였다. 인기 가수의 자살을 대중매체는 대대적으로 보도하였다. 특히 텔레비전 방송에서는 선정적으로 자살사건을 보도하며 시신, 현장, 그곳에 모여 슬피 우는 팬들의 모습을 지속적으로 보여줬다. 그리고 사건 발생 후 2주 동안 30명 정도의 모방 자살사건이 일어났다. 대부분이 미성년자였고 투신이라는 같은 방법으로 목숨을 끊었다.

더욱이 1986년에는 중학생들 사이의 '따돌림 자살'이 크게 보도되었다. 그 결과 1986년에는 미성년자의 자살자 수가 802명이 되었고, 그 전후와 비교해도 1.4배 정도 증가하였다(1985년: 557명, 1987년: 577명).

또 이제까지 학생, 일반 주민, 정신과 병원 입원환자, 수감자, 군인, 종교단체 신자 등의 집단에서 연쇄자살이 일어났다는 보고가 있다(高橋 祥友 著,『群発自殺』, 中公新書, 1998). 사춘기나 청년기에는 모방이나 피암시성이 자살의 중요 요인으로 되는데, 연쇄자살은 이 연령대 자살의 1~5%를 차지한다. 고도로 정보화된 현대 사회에서는 연쇄자살의 출현이나 확대에 미치는 대중매체의 영향력을 무시할 수 없다.

군발자살*이란 넓은 의미에서는, ① 다수의 사람들이 잇따라 자살하는 현상(연쇄자살), ② 다수의 사람들이 거의 같은 시기에 같은 장소에서 자살하는 현상(집단자살), ③ 특정장소에서 자살이 다발하는 현상(자살명소 등에서의 자살)을 의미한다(좁은 의미로는 ①의 연쇄자살만을 군발자살이라고 하는 연구자도 있다).

전형적인 연쇄자살로는 두 가지가 대표적이다. 발단은 자살(사인 불명의 죽음, 자살미수, 사고사 혹은 살인의 경우도 있다)이 일어난다. 죽었다는 사실을 알거나 혹은 소문이나 억측으로 느낀 친구, 동급생, 연인 등에게서 가장 먼저 영향을 받는 제1파(第1波)로서의 일련의 자살 행동이 일어난다. 발단이 된 사람과 같은 자살 수단을 사용하려는 경향도 강하다. 그 사람과 관계도 깊고 특히 부정적인 동일화가 강하게 이뤄진 경우에는 돌연사의 경우, 그것도 자신의 손으로 죽음을 선택했다고 하는 사실은, 남겨진 자에게 비애의 과정을 힘들게 만들고 자책감을 높여서 자살의 위험을 증가시킨다. 이 단계에서 다른 수차례의 자살 행동이 일어나면서 대중매체가 선호하는 보도의 대상이 된다. 고도로 정보화된 현대사회에서는 연쇄자살에

---

* 역자주) 저자는 'suicide cluster'를 '군발자살'로 번역하여 사용하고 있으나 우리나라에서는 일반적으로 '연쇄자살'이란 용어를 사용하고 있다. 이 문장에서는 군발자살과 연쇄자살을 구분하여 사용하고 있기 때문에, '군발자살'이라는 용어를 그대로 사용하였으나, 다른 문장과 내용에서는 '연쇄자살'이라고 번역하였다.

미치는 대중매체의 영향력은 매우 크다는 것이다. 자살의 발단이 영향력이 큰 인물일수록 연쇄자살로 확대되는 위험도 당연히 높아진다.

초기에는 일련의 자살 행동이 과장, 미화, 단순한 일반화의 과정을 거쳐 지나치게 보도되면서 전국적으로 퍼진다. 거기에 발단이 된 사람이나 제1파의 연쇄자살의 이야기를 통해 자살 행동을 보인 사람들과 직접적으로 교류는 없었지만, 같은 세대나 같은 문제를 안고 있는 사람들에게 제2파의 자살 행동이 일어난다. 잠재적으로 자살 위험이 높은 사람에게 타자의 자살이 일종의 모델이 되어 병적인 동일화를 촉진한다. 이러한 종류의 피암시성이나 공감성은 소아나 사춘기의 학생들에게 특히 현저하게 나타난다. 제2파의 연쇄자살까지 일어나면, 이제 작은 지역을 훨씬 넘어선 역병의 양상까지 보인다.

앞에 기술한 아이돌 가수의 자살 후에 일어난 대규모의 연쇄자살은 지극히 예외적인 사건이지만 지역사회, 학교, 병원, 직장 등에서 일어나는 소규모의 연쇄자살은 결코 드문 일이 아니다.

대중매체 보도와 연쇄자살

우리는 현재 고도의 정보화 사회에서 생활하고 있다. 대중매체의 정보를 일체 접하지 않고 하루를 보내는 경우는 거의 없다.

앞에서 이미 대중매체의 보도와 연쇄자살의 관계에 대해서 언급했지만, 대중매체만을 일방적으로 비난하고 끝낼 만큼 간단한 일은 아니다. 그러나 자살사건에 관한 보도 방법이 잘못되면, 누군가 그것에 큰 영향을 받을 가능성이 있다는 점을 지적하고 싶다. 아주 건강한 사람이면, "타인의 자살 사실을 알았다고 해서 자신까지 자살할 위험성이 높아질 리는 없다"고 생각할 것이다. 그러나 특히 사춘기의 학생들이나 자신도 마음에 문제가 있는 사람, 잠재적으로 자살의 위험이 높은 사람들의 경우 선정적인 자살 보도에 노출되면, 자살 생각이 갑자기 강해지는 것은 현실적인 문제인 것이다.

신문 보도와 오스트리아 빈의 지하철 자살에 관한 조사는 널리 알려져 있기 때문에 간단하게 다루도록 한다. 빈의 지하철은 1978년에 영업을 개시했는데, 초창기에는 지하철에서 자살이 발생하는 경우가 많지 않았다. 그런데 이용자 수의 변화도 크지 않았고 빈 전체의 자살자 수도 큰 변화를 보이지 않았는데도, 1984년쯤부터 지하철에서의 자살자 수가 급증하기 시작하였다. 그것은 타블로이드 신문이 지하철에서의 자살에 대해 선정적이고 자세한 기사를 게재하기 시작한 시기와 일치하고 있었다.

그래서 오스트리아 자살예방학회에서는 자살 보도의 가이드라인을 제시하고 자살을 유발할 위험이 있는 보도 방법과 예방으로 이어지는 보도에 대해 특히 알렸다.

자살을 유발할 가능성이 높은 보도 방법으로는 자살의 수단을 매우 자세하게 보도하거나 자살을 과도하게 낭만적으로 보도하고, 1면에 큰 표제와 함께 게재하거나, 희생자의 사진을 올리고, 직전에 일어난 사건과 자살의 인과관계를 극단적으로 단순화시키는 보도 등을 예로 들고 있다.

그리고 가이드라인은 보도의 영향력을 줄이기 위해 다음과 같은

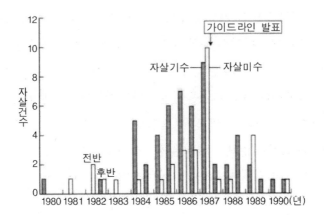

출처) sonneck, G., et al.: Imitative suicide on the Viennese subway, Soe Sci, 38;453-457, 1994.

그림 1-9 신문보도와 빈의 지하철 자살

점을 배려하는 것도 거론하고 있다. 자살이외에 다른 합리적인 해결책 제시, 위기 상황에까지 이르렀지만 자살이 아닌 다른 방법으로 해결한 구체적인 사례 언급, 정신 질환의 치료법이나 자살예방을 위한 일반적인 대책에 대한 정확한 정보 제공 등을 들고 있다.

1987년 전반기까지 빈의 지하철 자살은 늘고 있었지만, 이 가이드라인을 대중매체에 제시한 결과, 정신보건 전문가도 이 기본적인 사고방식에 찬동하며 지지를 밝혔다. 그리고 대중매체도 이에 호응하여 지나친 자살 보도를 개선하였다. 그 결과 1987년 후반기 이후, 지하철 자살은 격감하였다(그림 1-9).

조사를 실시한 소네크(Sonneck) 등은 자살 보도에 대해 미디어를 비난하려는 것도 아니고 보도의 완전한 중지를 요구하는 것도 아니다. 저널리스트의 대부분은 선의의 목적에서 자살을 보도하는 의무를 느끼고 있기 때문에 보도가 갖는 위험의 측면에 대해 경고를 해야만 한다고 주장한 것이다.

다행히 빈의 각 신문사는 이 제언에 호응하여, 자살에 관한 기사를 신중히 취급하게 되었다. 자살에 대해 보도한다고 하더라도 사실만을 전달한 아주 짧은 기사로 다루거나 자살 기사를 1면에 게재하지 않거나 혹은 자살에 대해 전혀 보도를 하지 않는 경우도 있었다.

연쇄자살에서 '모방성'이나 '전염성'은 자주 지적되어 왔지만, 이 소네크(Sonneck) 등의 연구는 현실적으로 이 점을 검토한 사례로서 매우 흥미롭다. 오스트리아 자살예방학회의 가이드라인에 대중매체가 호응하여 자살에 대해 신중하게 보도하는 방향으로 바뀐 결과, 실제로 지하철에서의 자살이 줄었다는 귀중한 사례이다.

자살 보도에 관한 보도 가이드라인

WHO에서 자살 보도 관련 가이드라인이 발표되었는데, 그 골자에 대해서 다음과 같이 정리하고자 한다. 일본에서는 알 권리나 보도의 자유가 잘 보장되어 있기 때문에, 자살보도를 중지해야 한다는 등의 격론을 벌일 생각은 없지만, 자살 보도가 초래할 위험성에 대해서는 대중매체도 충분히 주의를 기울여 주기를 바란다.

① 단기적으로 지나친 보도를 하는 것을 삼간다.
② 자살은 복잡한 원인에서 일어난 현상이기 때문에 자살의 원인과 결과를 단순하게 설명하는 것을 삼간다.

③ 자살 보도는 중립적으로 전한다. 원래 자살의 위험성을 갖고 있는 사람의 경우, 자살자를 자신과 동일화시킬 가능성이 있기 때문에, 자살을 미화하거나 과장하여 묘사하지 않는다. 비탄에 빠진 다른 사람들, 장례식, 추도 집회, 장식된 꽃 등의 사진이나 영상을 첨부하지 않는다.

④ 자살 수단을 자세히 보도하지 않는다. 자살의 장소나 수단을 사진이나 영상으로 소개하지 않는다. 어떤 장소에서 어떤 방법으로 자살했다고 하는 정보는 가능한 한 간결하게 한다.

⑤ (특히 청소년 자살의 경우에는) 실명 보도를 삼간다.

⑥ 자살의 배후에 종종 마음의 병이 숨겨져 있지만, 이에 대해서 효과적인 치료법이 있다는 것을 강조한다. 같은 문제를 안고 있지만 적절한 대응을 취함으로써 자살 위기를 넘길 수 있었다는 사례를 소개한다.

⑦ 구체적인 문제해결의 방법을 게재한다. 자살의 위험인자나 직전의 사인 등을 설명하고 어떤 사람에게 주의를 기울이며, 어떠한 대책을 취해야 하는지를 제시한다. 전문 의료기관이나 전화상담 등에 대해서도 반드시 적는다.

⑧ 평소에 지역의 정신보건 전문가와 대중매체와의 연계를 긴밀하게 취한다. 이렇게 함으로써 연쇄자살의 위험이 높아졌을 때에도 적절한 조언의 시기를 놓치는 일이 없이 도움을 얻을 수 있는 체제를 만들어 둔다.

⑨ 단기적·집중적인 보도에 끝나지 않고 근본적인 문제에 대해 지속적으로 대처 활동을 한다.

반복되는 이야기지만, 대중매체의 부정적인 측면만을 강조하는 것 또한 문제이다. 예를 들면, 일본에서도 충실한 취재 활동을 통해서 자살 위험이 높은 사람을 세심하게 추적했던 사례도 있는데, 그것은 전국적인 보도 모델로 되었다(朝日新聞秋田地局編,『自殺の周辺 新聞記者のノートから』, 無明舎出版, 2001). 대중매체는 일반인들에게 자살예방 대책을 취할 수 있다는 메시지를 전달하는데 중요한 역할을 할 수 있다. 따라서 자살의 비극적인 측면만을 전달하는 것이 아니라 어떤 사람에게 자살의 위험이 있는지, 어떻게 대응하며, 어디에 도움을 요청하면 되는지 등에 대해 지금보다 더욱 관심을 기울이고, 사회에 대해 정신보건의 올바른 지식을 알리도록 노력해주기 바란다.

인터넷 집단 자살

소위 인터넷 집단 자살(동반자살)에 대해서도 한 마디 언급하겠다. 왜냐하면, 이 현상도 하나의 연쇄자살적 특징을 보이기 때문이다. 인터넷 동반자살로서 최초로 보도된 것은 2002년 11월에 일어난 사건이다. 후쿠이(福井)현의 46세 남성과 아이치(愛知)현의 25세 여성이 자살관련 사이트에서 알게 되어 동반자살을 하였다.

그러나 2003년 2월경부터 더 많은 사람들이 인터넷을 통하여 접촉하며 함께 자살하는 사례가 자주 보도되어 사회의 관심을 끌게 되었다. 인터넷이라는 새로운 매체를 사용하여 아무런 면식도 없는

다수의 사람들이 '자살'이라고 하는 것만으로 연결되어, 함께 스스로 목숨을 끊는 것이 지극히 새로운 사회현상으로 인식되고 있는 것이다.

2004년 10월 12일에는 인터넷을 통해서 알게 된 7명의 남녀가 사이타마(埼玉)현에서 집단 자살을 하였다. 희생자가 당시까지 보고된 사례보다 다수였다는 점에서 사건은 매우 선정적으로 보도되었다.

확실히 인터넷 집단 자살은 사회적 관심을 끌기에 충분한 요건을 갖추고 있다. 전혀 면식이 없는 젊은이가 인터넷을 통해 친구를 모집한다. 그리고 자동차 안에서 풍로로 연탄불을 피우고 일산화탄소 중독으로 사망한다고 하는 방법까지 일치하고 있다.

인터넷에는 자살과 관련된 홈페이지가 다수 존재한다. 일본에서는 자살에 대한 예방보다는 어떻게 자살을 할 수 있는지에 대해 자세하게 설명하는 홈페이지가 압도적으로 많다.

애초에 자살 위험이 높은 사람은 고립적 성향이 강해 현실 사회에서 주위 사람들과의 관계가 지극히 결핍되어 있는 경우가 많다. 인터넷상에서는 이러한 사람이 함께 죽을 사람을 모집하는 것이 가능하다. 본인을 잘 알고 있는 사람이라면 자살 생각이 있다는 것을 알게 되었을 때 필사적으로 막으려고 할 것이다. 그러나 아무런 연관성도 없는, 심지어 자신도 자살 위험성이 높은 사람을 인터넷을 통해서 만남으로써 부정적인 에너지가 일거에 높아져 버리는지도 모른다.

또 이러한 일련의 사건에는 인터넷뿐만 아니라 일반 대중매체도 연쇄자살이 확대되는 데 큰 영향을 끼치고 있다. 인터넷 집단 자살의 경우, 공통적으로 좁고 닫힌 공간에서 연탄불을 피우고, 일산화탄소 중독으로 사망하는 방법을 취한다는 것은 활자나 영상 매체의 보도에 영향을 받은 것이라고 생각할 수 있다. 2003년 3월 중순부터 4월 중순에 걸쳐 이라크전쟁이 발발하여 자주 보도되던 시기에 인터넷 집단 자살이 비교적 덜 일어났다는 것은 우연의 일치라고만 말할 수는 없을 것이다.

대부분의 사람들은 이러한 뉴스를 냉정히 받아들인다. 그러나 잠재적으로 자살 위험이 높은 사람에게는 선정적인 보도가 자살로 이끄는 최후의 방아쇠가 될 수도 있다. 인터넷 사회에서 자살을 장려하는 사이트를 규제하는 것은 실질적으로는 불가능에 가까울 것이다. 그나마 그 대비책으로서 예방으로 이어지는 사이트를 사적·공적으로 현재보다 더 많이 설치하는 것도 하나의 대책이다. 대중매체도 자살 방법을 자주 반복해서 보도하는 것이 아니라 오히려 예방을 위한 유익한 정보를 적극적으로 제공해주기 바란다.

자살예방

제2장

자살의 심리

자살예방

1. 자살의 위험을 어떻게 파악할까

위험인자(risk factors)라는 의학 개념이 있다. 심근경색의 위험인자를 예로 들어 설명해보자. 현 시점에서는 심근경색이 아니지만 어떠한 이상이 발생하고, 이러한 이상이 없는 사람에 비해 앞으로 심근경색을 일으킬 위험성이 높은 경우, 이 이상을 심근경색의 위험인자라고 부른다. 구체적인 예를 들면, 혈청지질 이상, 고혈압, 흡연, 당뇨병, 비만, 심근경색의 가족력, 심전도 이상, 운동부족, 스트레스, 통풍(혹은 고요산혈증)등이 있다. 심근경색을 예방하기 위해서는 당연히 이러한 위험인자를 최대한 줄일 수 있도록 노력할 필요가 있다.

아주 단순하게 말하면, 자살의 위험인자도 같은 형식으로 생각할 수 있다(단, 자살 위험인자의 경우 단지 신체적 인자만이 아니라, 사회적 인자나 심리적 인자도 포함되어 있다는 것이 일반적인 위험인자와의 차이점이다). 그래서 <표 2-1>에 제시된 것처럼, 다수의 자살 위험인자를 충족하는 사람은 자살 행동에 다다를 위험이 비교적으로 높다고 생각할 수 있다. 위험인자의 유무를 확인함으로써 자살 위험을 대략적으로 사전에 파악해놓는다. 이렇게 함으로써 미래의 자살 행동으로 이어질 가능성이 높은 사람을 조기에 발견한 다음, 각 개별 사례의 실제 자살의 위험에 대해 판단해간다.

<표 2-1> 자살의 위험인자

① 자살미수 경력	자살미수는 매우 중요한 위험인자 자살미수의 상황, 방법, 의도, 주위의 반응 등을 검토
② 과거의 정신질환	기분장애(우울증), 조현병, 인격장애, 알코올 의존증, 약물남용
③ 지원 부족	미혼, 이혼, 배우자와의 사별, 직장에서의 고립
④ 성별	자살 기수자: 남>여　　자살 미수자 : 여>남
⑤ 연령	연령이 높아짐과 동시에 자살률도 상승
⑥ 상실경험	경제적 손실, 지위의 실추, 병과 부상, 업적부진, 예상 외의 실패
⑦ 성격	미숙·의존적, 충동적, 극단적 완벽주의, 고립·우울함, 반사회적
⑧ 타자의 죽음의 영향	정신적으로 중요하게 연결되어 있던 사람이 돌연 불행한 형태로 사망
⑨ 사고벽	사고를 예방하기 위한 필요한 조치를 부주의하게 취하지 않음. 만성질환의 예방이나 의학적인 조언을 무시함
⑩ 아동학대	소아기의 심리적·신체적·성적 학대

자살예방의 10계명

　<표 2-1>에 제시된 위험인자는 지나치게 전문적일 수도 있기 때문에, 일반인을 대상으로 다음과 같이 자살예방의 10계명을 좀 더 알기 쉽게 정리해보기로 한다. 여기에서는 특히 현재 한창 일할 세

대의 자살예방을 염두에 두고 주의해야 하는 점을 설명하도록 하겠다.

① 우울증의 증상을 알아차리자

기분이 침체되고, 눈물을 자주 흘리고, 자신을 책망하고, 자기 따위는 없어지는 편이 낫다고 생각하고, 실패는 모두 자신의 책임으로 생각해버린다. 가슴에 구멍이 뻥 뚫린 것처럼 느껴져서 불안감에 견딜 수 없다. 일의 능률이 떨어지고, 일이 손에 안 잡히며, 중요한 일은 미루고, 결단을 내릴 수 없다. 지금까지 관심이 있던 일에도 흥미를 느낄 수 없는 등 전형적인 우울증 증상에 주의하지 않으면 안 된다.

② 원인을 알지 못한 채 오랫동안 몸 상태가 좋지 않음

일반적으로 우울증이라고 하면 앞의 항에서 다뤘던 감정이나 사고의 측면에서 나타나는 증상에만 관심을 기울이는 경향이 있지만, 그와 동시에 여러 가지 신체 증상이 나타나기도 한다. 그런데 이것이 우울증 증상이라고는 좀처럼 알아차리지 못하고, 정신과가 아닌 곳에서 진료를 받는 경우가 자주 있다. 실제로 중증의 신체 질환일 수도 있기 때문에 반드시 검사를 받았으면 한다. 단, 검사를 통해서 분명히 이상이 발견되지 않는데도 몸 상태가 계속해서 좋지 않은 경우는 우울증의 가능성을 의심하고 정신과 진료를 받을 필요가 있다.

③ 주량이 늘어남

특히 중장년층의 사람으로서, 지금까지는 예의상 마시는 정도였

는데 주량이 점차 늘어나는 경우에는 배경에 우울증이 있을 가능성이 있다. 고민을 안고 있는 중장년층은 처음부터 정신과에 찾아갈 생각을 거의 하지 않는다. 술을 마시면 일시적으로 기분이 풀린다는 것을 경험하였기 때문에, 기분이 우울해지면 어느새 술을 찾고 있는 경우가 있다. 술의 힘으로 잠을 푹 잘 수 있다고 믿는 사람도 있다. 그러나 알코올은 장기적으로 우울증 증상을 악화시켜버린다. 더욱 무서운 것은 만취상태에서 자신의 행동을 조절할 힘을 잃어 자살에 이르는 사람도 많다는 것이다. 단지 음주량이 늘어난 것뿐만 아니라 술이 없으면 생활을 이어나갈 수 없게 되거나, 신체적인 문제가 생기거나, 대인관계에 문제를 일으키는 등 알코올 의존증 진단을 받는 상태가 되면, 문제는 더욱 심각하게 된다.

④ 안전이나 건강을 지킬 수 없다

자살은 갑자기 아무런 예고도 없이 일어나는 것이 아니라, 자살에 앞서 안전이나 건강을 지킬 수 없는 형태로 행동의 변화가 자주 나온다. 예를 들면, 당뇨병이지만 충분히 잘 관리해왔던 사람이 식이요법과 약물요법, 그리고 운동요법까지 전부 갑자기 그만둬 버리는 경우가 있다. 아니면 인슐린을 다량으로 주사하는 경우도 있다. 또 신부전증인 사람이 인공투석을 갑자기 그만두는 경우도 있다. 이 자체가 생명과 관련된 위험한 행동이다. 또 성실한 회사원이 빚을 내거나, 아무런 말도 없이 실종되거나, 성적인 일탈행위를 인정하거나, 평소에는 온화했는데 갑자기 술김에 크게 싸움을 벌이거나, 전 재산을 주식에 투자하는 등의 행동의 변화를 자살 전에 인정하는 경우도 드물지 않다.

⑤ 업무 부담이 갑자기 늘어남, 크게 실패함, 직장을 잃음

일본의 연간 법정노동시간은 1,800시간인데 연간 노동시간이 3,000시간(월 250시간)을 넘는 경우에는 과로사나 과로자살로 이어질 확률이 3~5배나 높다는 조사결과가 있다. 기업의 안전보장 의무는 재판에서도 지적되었다. 종업원의 심신이 피폐되지 않도록 노동환경을 정비하는 것과 동시에, 불행히도 발병한 경우에는 조기에 적절한 조치를 취할 것을 기업들은 요구받는다. 또 대중매체 등에서도 자주 보도되어 왔지만, 일만 하면서 인생을 보내온 사람이 직업상 큰 실패를 하거나 직장을 잃는 등의 상황에 처하면, 자신의 존재가치를 잃게 되어 자살 위험이 급격하게 높아지는 경우가 있다.

⑥ 직장이나 가정에서 지원을 받을 수 없다

자살은 고립의 병이라고 지적한 정신과 의사도 있다. 미혼인 사람, 이혼한 사람, 배우자와 사별한 사람은 가정을 갖고 있는 사람에 비하여 자살률이 3배 이상이나 높다. 직장에서도 가정에서도 있을 곳이 없고, 문제를 안고 있음에도 지원을 받을 수 없는 상황에서 자살은 자주 일어난다.

⑦ 본인에게 가치 있는 것을 잃음

각자 사람마다 특별한 가치가 있는 것을 잃게 되는 경우에 대해 충분히 생각해봐야 한다. 가족의 사망이나 업무상 큰 실패를 하는

경우, 자신의 존재 자체의 부정으로 이어져 살아갈 의지를 잃어버
릴 수 있다. 다만, 이것은 모든 사람들에게 같은 정도의 타격을 주는
것이 아니고, 각 개인에게 있어서 의미를 잘 생각할 필요가 있다. 건
강한 사람의 입장에서는 아주 사소한 문제라고 생각할 수 있는 것
을 심각하게 고민하는 경우도 있고, 어디까지나 그 사람의 입장이
되어서 그 경험이 어떠한 의미를 가지고 있는가를 생각해볼 필요가
있다.

⑧ 중증의 신체적 병에 걸린다

②에서 언급된 것은 우울증에 따른 신체 증상이지만, 한창 일할
나이인 사람들의 경우, 중증의 신체질환, 만성질환으로 치료되기 어
려운 신체질환에 걸리는 것이 그때까지의 인생의 의미를 크게 변화
시키는 것으로 연결되고, 자살의 위험을 높이는 결과로 되는 경우도
자주 있다.

⑨ 자살을 말한다

⑧까지의 항목은 스스로 어느 정도 알아차릴 수 있는 단계일지도
모른다. 그러나 ⑨, ⑩의 단계에 이르면 이미 본인의 판단능력은 현
저히 떨어진 상태이기 때문에, 주위 사람들이 손을 써서 안전을 확
보함과 동시에 적절한 치료를 받을 수 있도록 해야 한다. 지금까지
거론하였던 항목의 많은 내용을 충족하는 사람이 '자살'을 암시하거
나 실제로 확실히 말을 하는 경우는 자살 위험성이 매우 높다. "죽어
야지, 죽어야지"라고 말하는 사람은 오히려 자살하지 않는다고 널

리 알려져 있지만 이것은 크게 오해하는 것이다. 자살자의 대다수는 자살행위 직전에 자살할 것이란 것을 누군가에게 터놓고 말한다. 이것을 정확히 파악할 수 있는지의 여부가 자살예방의 중요한 첫걸음이 될 것이다.

⑩ 자살미수에 이르다

자살미수에까지 이른 경우는 긴급한 위험이 더욱 눈앞에 닥친 것이다. 다행히 목숨을 구했다고 하더라도 다시 똑같은 행동을 함으로써 실제로 자살로 인해 목숨을 잃을 위험이 매우 높다. 곧바로 전문가의 치료가 필요하다. 목을 매거나 전철에 뛰어드는 등의 위험한 행위는 누구나 심각하게 받아들인다. 그러나 손목을 살짝 긋거나 약물의 과다복용 등 사망에 이르지 않는 자상행위라도 장기적으로는 기수자살로 이어질 위험성이 높다는 것을 잊으면 안 된다. 참고로 자살을 시도한 직후의 사람이 반드시 불안감과 초조함을 강하게 느끼는 것만은 아니라는 점에 대해서도 지적해 두고 싶다. 자살미수로 인해 카타르시스의 효과를 초래하게 되고 자신의 행위를 타인의 일처럼 말하거나 행복감을 느끼거나 흥분하는 사람까지 있다. 표면에 나타난 감정이 우울과는 조금 멀어 보여도, '자살극'이라고 단언해서는 안 된다. 자상행위가 있었다는 사실 자체를 진지하게 받아들여서 적절한 대처를 해야만 한다.

자살직전의 신호

그런데 자살 직전에는 어떠한 행동의 변화가 나타나는 것일까. 결론부터 말하자면, 지금까지 설명했던 위험인자를 다수 충족하고 있고, 잠재적으로 자살 위험이 높다고 생각되는 사람에게 어떠한 행동 변화가 나타난다면, 그러한 행동 전부가 자살 직전의 신호라고 생각해야 한다.

자살에 이르기까지는 긴 과정이 있는데, 이 준비상태가 중요하다. 직전의 신호는 자살로 이어지는 직접적인 계기라고도 말할 수 있다. 자살을 위한 준비상태가 오랜 시간에 걸쳐 확고해지면, 자살로 이끄는 직접적인 계기는 오히려 주위에서 볼 때는 사소한 것이라고 생각되는 것일 때가 압도적으로 많다. 이러한 점을 먼저 지적하고 이를 바탕으로 <표 2-2>에 자살직전의 신호들을 예로 들었다. 몇 가지는 이미 언급한 10계명의 항목과 겹친다.

이러한 신호 중 몇 가지는 어느 시기에 누구에게나 일어날 수 있는 일이라고 생각할지도 모른다. 또 이 중 몇 가지 조건이 충족된다고 바로 자살이 일어난다고 예측할 수 있는 것도 아니다. 종합적으로 판단하는 것이 중요하며 앞에서 서술한 신호를 몇 가지라도 보내고 있다면 자살행위를 실행에 옮길 위험이 높다고 판단하여 전문가에게 치료를 받도록 조치를 취해주기 바란다.

지금은 효과적인 약이나 심리치료법이 여러 가지 개발되어 있다. 염려되는 점은 마음의 병에 걸린 것이 아니라 그 병을 알아차리지 못한 채 방치함으로써 적절한 치료를 받지 못한다는 것이다.

〈표 2-2〉 자살직전의 신호

☐ 감정이 불안정해진다. 갑자기 눈물을 흘리거나 기분이 언짢아지고, 분노나 짜증이 폭발한다.

☐ 심각한 절망감, 고독감, 자책감, 무가치하다는 생각에 사로잡힌다.

☐ 반대로, 지금까지의 우울한 태도와는 정반대로 부자연스러울 정도로 밝게 행동한다.

☐ 성격이 갑자기 바뀐 것처럼 보인다.

☐ 주위에서 내미는 도움의 손길을 거절하는 듯한 태도를 보인다.

☐ 될 대로 되라는 태도가 눈에 띈다.

☐ 외모에 무관심해진다.

☐ 지금까지 관심이 있던 것에 대해 흥미가 없어진다.

☐ 일의 실적이 급격하게 떨어진다. 직장을 자주 쉬게 된다.

☐ 주의집중을 할 수 없게 된다.

☐ 교제가 줄고 집에만 틀어박히게 된다.

☐ 심한 언쟁이나 싸움을 한다.

☐ 과도하게 위험한 행위를 한다(예: 중대한 사고로 이어질 수 있는 행동을 반복한다).

☐ 식욕이 급격히 줄고, 체중이 감소한다.

☐ 잠을 잘 잘 수 없게 된다.

☐ 여러 가지로 몸 상태가 좋지 않다고 호소한다.

☐ 돌연 실종한다.

☐ 주위로부터 지원이 끊긴다. 유대감이 강한 사람으로부터 버림받는다. 가까운 사람이나 지인의 사망을 경험한다.

☐ 알코올이나 약물을 남용한다.

☐ 소중히 여겼던 물건을 정리하거나 누군가에게 줘버린다.

☐ 죽음에 사로잡힌다.

☐ 자살을 암시한다.

☐ 자살에 대해서 확실히 말한다.

☐ 유서를 준비한다.

☐ 자살 계획을 세운다.

☐ 자살 수단을 준비한다.

☐ 자살할 예정인 장소를 조사하러 간다.

☐ 실제로 자상행위를 한다.

---

2. 자살하는 사람과 자살하지 않는 사람의 차이

아무리 비참한 상황에 놓여도 혹은 중증의 정신질환에 걸려도 결코 자살하지 않는 사람이 있다. 한편 지극히 평범한 일상을 보내고 있는 사람들은 자살하려는 사람을 보고 "왜 그러한 이유로 스스로의 인생을 끝내려고 하는 것일까?"라고 이해할 수 없다고 생각하는 사람도 있다. 이 차이는 무엇일까?

자살전증후군

정신과 의사인 어윈 링겔(Erwin Ringel)은 자살 위험이 눈앞에 다가온 상황을 설명하기 위하여, 자살전증후군이라는 개념을 제창했다. 특히 그 중에서 폐쇄감, 공격성의 역전, 자살 환상을 중요한 요소로 들고 있다.

(1) 폐쇄감은 여러 가지 측면으로 나뉘는데, 상황적 폐쇄감, 동적 폐쇄감, 가치적 폐쇄감, 대인관계적 폐쇄감으로 분류되어 논의된다. 즉, 참을 수 없는 상황에 높여져 자신은 완전히 무력하며, 절망감에 압도되어 살아갈 의미마저 찾지 못하고, 아무도 그로부터 자신을 구해주지 않을 것이라는 생각에 몰리게 된다.

(2) 공격성의 역전도 자살 행동을 이해하는 데 중요한 요소이다. 타자나 사회를 향하고 있던 공격성이 갑자기 자신을 향할 때 자살의

위험이 급격히 높아진다. 공격성의 역전을 일으키는 원인은 여러 가지가 있지만 그 중에서도 다음의 3가지 경우가 중요하다.

① 자신을 억압하고 있는 사람 혹은 자신보다 주변 환경의 영향력이 압도적으로 강하며 그것에 대항할 수 없다고 생각하고 있는 경우(예를 들면, 현재 아동학대를 받고 있는 아이, 혹은 과거에 그러한 경험이 있는 사람).

② 자신에게 상처를 준 사람에 대해 애정 또는 존경하는 마음을 갖고 있기 때문에, 그 사람에 대해 공격적인 성향을 보이는 것을 "결코 해서는 안 되는 일" 또는 "금지된 행위"라고 굳게 믿고 그것으로 인해 자책하게 되는 경우

③ 지금은 간신히 자신 안의 공격성이나 그것으로 인한 감정 및 행동을 조절할 수 있지만, 언젠가 자제심을 잃어 타인에 대해 파괴충동을 터뜨리게 되는 것은 아닐까 우려하는 경우. 그러한 사태를 미연에 방지하는 수단으로서 스스로의 목숨을 끊는 것이 선택지가 되어 버리는 경우

(3) 자살 환상이란 자신이 처한 절망적 상황에서 곧바로 벗어날 수 있는 유일한 방법이 자살이라는 생각이 극단적으로 강해지는 것이다. 처음에는 막연하게 자살에 대해 공상하는 것뿐이지만, 점점 환상이 구체화됨으로써 행동화될 위험성이 높아진다.

우울증을 비롯하여 여러 정신질환이나 혹은 해결이 상당히 어려운 문제를 안고 있음으로써 자살까지 깊게 생각하는 사람에게 이러

한 공통적인 심리상태가 확인된다.

자살로 내몰린 사람들의 공통된 심리상태

링겔의 개념과 겹치는 부분도 있지만, 여기에서는 자살로 내몰린 사람들에게 발견되는 공통적인 심리상태에 대한 나의 생각을 정리하고자 한다. 우울증에 걸렸을 때, 자살로 목숨을 끊는 사람도 있지만, 아무리 중증질환에 걸렸어도 결코 자신에게 해를 가하지 않는 사람도 있다. 또 우울증 이외도 조현병, 약물남용, 알코올 의존증, 인격장애 등 여러 정신질환이 자살과 관련되어 있다. 그러나 어떤 병이든(혹은 전혀 마음의 병은 없지만 자살을 생각하고 있는 경우도 포함해서), 자살의 위험이 높은 사람에게는 공통적인 심리상태가 발견된다.

① 극도의 고립감

고립감은 최근 발병한 정신질환의 영향으로 생긴다는 경우도 있지만, 어릴 때부터 오랫동안 계속해서 안고 있던 감정이라고 하는 경우도 적지 않다. 실제로는 가족도 있고 친구나 지인도 많다. 그러나 그런 가운데 절망감을 동반하는 깊은 고립감을 계속해서 지니고 있다. 현실에는 주위로부터 많은 도움의 손길을 내밀고 있어도 이 세상에서 나 혼자뿐이고 그 누구도 나를 도와주지 않을 것이라는 깊은 고립감에 빠져 결국 그 상황을 견딜 수 없게 된다.

② 무가치하다는 느낌

"나는 살 가치가 없다." "살아있어도 쓸모가 없다." "살아있는 것조차 용서되지 않는다." "나 같은 자는 없어지는 쪽이 모두에게 행복하다."와 같은 감정도 우울증을 비롯한 정신질환 때문에, 최근에 생겨난 것일 수도 있지만, 유소년 시절부터 강한 유대가 있는 사람으로부터 메시지를 받아 오랜 기간에 걸쳐 계속 지니고 있는 경우도 있다. 가장 불행한 사례는 유소년기에 심리적·신체적·성적 학대를 경험한 사람들이다. "삶의 의미가 없다." "살아있는 것조차 용서되지 않는다." "'삶의 의미를 완전히 잃었다'와 같은 절망감에 압도되어 버린다. 그리고 본인도 무의식적으로 주위 사람들을 일부러 자극하고 도발함으로써 자신을 내버려두도록 만드는 일도 드물지 않다.

③ 강한 분노

자살 위험이 높은 사람은 절망감과 함께 강렬한 분노를 느낀다. 이것은 사회나 강한 유대가 있는 사람에게 향하는 경우도 있고 또 타자에 대해 그러한 분노를 느끼고 있는 자신을 의식함으로써 오히려 자기 자신을 책망하는 결과로 되어 버리는 경우도 있다. 절망적인 상황을 초래한 타자나 사회에 대해 강한 분노를 느끼고 있는 것이 어떤 계기로 그것이 자신에게 향한다면 급격하게 자살의 위험이 높아지기 쉽다. 타자에 대한 강렬한 분노는 자기 자신을 향한 분노이기도 하다.

④ 절망적인 상황이 영원히 계속될 것이라는 확신

현재 자신이 처해있는 절망적인 상황에 대해 아무런 해결책도 없고, 아무리 노력해도 보답 받지 못하고 영원히 계속된다는 확신을 갖고 있다. 타인에게 받은 조언이나 해결책은 절망적 상황을 벗어나는데 아무런 도움이 되지 않는다고 생각해서 거절해 버린다.

⑤ 심리적 시야협착

자살의 위험이 커지고 있는 사람의 사고방식을 터널 속에 있는 상태로 비유한 심리요법가가 있다. 터널 속에 있으면 주위는 깜깜하다. 저 멀리서 한 줄기의 빛이 보이는데 그것만이 이 어둠에서 벗어날 수 있는 유일한 방법이다. 그리고 그 해결책이 자살이며 다른 방법은 전혀 보이지 않는다는 독특한 심리적 시야협착 상태에 빠진다.

⑥ 체념

자살 위험이 높은 사람은 동시에 여러 감정으로부터 압도되지만, 점차 필사적으로 온갖 싸움을 벌인 뒤에 그러한 감정을 포기하려는 독특한 체념의 마음이 생기기 시작한다. 부드럽게 포기하려는 것이라기보다 '폭풍 전야의 고요함', '태풍의 눈'과 같이 불길한 예감이 따르는 체념이라고 할 수 있다. "완전히 지쳐버렸다." "이제 아무 것도 남지 않았다." "아무래도 좋다." "어떤 일이 일어나도 상관없다." 와 같은 느낌이다. 이 단계에 이르면 분노도 우울이나 불안도, 고독감조차도 희미해져 버린다. 이미 싸움은 끝났고 나는 그것에 패배했다는 느낌인 것이다. 이러한 체념에 사로잡혀 버리면, 지금까지의 불안, 초조감이 줄어들면서 주위에서는 오히려 부드러워졌다고 생각하기도 한다. 그다지 민감하지 않은 사람에게는 지금까지의 불안이나 초조감이 줄어들어서 이제는 진정된 것으로 보일 수도 있다.

⑦ 전능의 환상

아무리 좋은 환경이나 능력을 가진 사람이라도 자신이 처한 상황을 곧바로 변화시키는 것은 불가능하다. 변화를 가져오기 위해서는 시간과 노력이 필요하고 타인으로부터의 도움도 필요할 것이다. 그러나 자살 위험성이 높은 사람이란 어느 시점을 넘으면 유일하게, 자신의 힘으로라도 곧바로 상황을 바꿀 수 있는 것이 있다고 생각하기 시작한다. 그리고 "자살만은 지금의 나라도 할 수 있다." "자살은 자신이 지금 할 수 있는 유일하게 남은 행위이다."라는 전능의 환상을 갖게 된다. 이 환상은 절망감, 고독감, 무가치감, 분노, 체념 등 여러 가지 고통을 동반한 감정에 계속해서 압도되어온 사람에게는 달콤한 속삭임처럼 들린다. 링겔이 지적한 자살 환상 그 자체인 것이다. 이 전능적 환상을 느낄 때, 자살의 위험은 이미 직전까지 닥친 상황이기 때문에, 즉시 본인을 보호하기 위한 필요한 대책을 취해야만 한다.

자살을 일으키는 문제가 무엇이든, 자살의 위기가 직전의 상황까지 닥친 사람은 이러한 복잡한 감정에 압도되어 있다.

3. "자살하고 싶다"는 고백을 들으면

내가 수련의였을 때의 일이 지금도 생각난다. 담당하고 있던 환자가 "죽고 싶다" 또는 "자살을 생각하고 있다"와 같이 마음을 털어놓는다면, 그것만으로 완전히 당황하여 머릿속은 하얗게 되어 버리고, 그곳에서 도망치고 싶다는 생각에 사로잡히곤 하였다. 실제로 도망치는 일은 없었지만 무엇인가 바로 말을 꺼내서 어떻게든 단념시켜야 한다는 생각밖에 하지 않았다.

정신과 치료 훈련을 받은 적도 없고 진료 경험도 거의 없는 사람이 누군가로부터 "자살해버리고 싶다"라는 말을 들었을 때의 반응은 옛날의 나의 반응과 크게 다르지 않을 것이다.

이러한 장면에서의 대응 방법에 대한 교육이나 정보를 줄 수 있는 사람은 극히 한정되어 있다. 잘못된 대응을 하면 실제로 자살로 이어질 수 있을 것이고, 반대로 적절히 대응한다면 상대방의 고민을 알아차리고 자살을 예방하는 중요한 첫걸음이 될 수 있다. 그래서 누군가가 "자살하고 싶다"고 밝히는 경우의 원칙을 생각해보자.

① 누구라도 좋으니까 고백한 것은 아니다

자살은 아무 예고도 없이 일어난다기보다 그것에 앞서 여러 가지 신호를 보낸 뒤에 일어난다. "죽고 싶다, 죽고 싶다고 말하는 사람은 자살하지 않는다"라고 흔히 말하지만 이것은 완전한 오해이다. 자살자의 대다수는 행동으로 옮기기 이전부터 특정한 누군가를 가려서 자신의 절망적인 마음을 털어놓는다.

그런데 누군가 자살하고 싶다는 마음을 털어놓으면, 불안감이 강하게 이는 것은 당연하다. 그리고 그런 호소를 정면으로 받아낼 수 있는 사람만 있는 것은 아니다.

다만, 맨 처음 기억해두면 좋은 것은 자살 생각을 털어놓은 사람은 아무한테나 "자살하고 싶다"고 호소하고 있는 것이 아니라, 의식적·무의식적으로 특정한 '누군가'를 선택하여 절망적인 마음을 털어놓고 있다는 점이다. 자살이외에는 문제의 해결 방법이 보이지 않는다는 절망 상태에 빠진 사람이 마지막으로 도움을 요청할 상대를 필사적으로 고르고 있는 것이다. 지금까지의 관계 속에서 이 사람이라면 자신의 고민을 털어놔도 진지하게 들어줄 것이라는 필사적인 마음으로 털어놓고 있는 것이다.

예를 들면, 내과병동에 입원하고 있는 환자를 생각해보자. 우연히 약을 나눠주고 있는 어느 간호사에게 환자가 "더 이상은 안 되겠어요. 더 살아봤자 아무 소용이 없어요." "죽어버리고 싶어요"라고 말을 털어놓았다고 하자. 가끔 약을 나눠주러 온 간호사에게 이러한 절망적인 이야기를 던진 것일까? 결코 그렇지 않다. 그때까지의 관계에서, 같은 병동에 근무하는 많은 관계자들 가운데 그 간호사를 선택해서 도움을 요청하는 외침을 낸 것이다. "이런 말을 하면 바보 취급 당할 수 있다." "질책 받을 수 있다"고 우려되는 상대에게는 절망적인 감정을 털어놓지 않는다.

따라서 뭐라 말할 수 없는 강한 불안감이 들더라도 반드시 그 고민을 정면으로 받아들이기를 바란다. 심각한 고백을 받기에 앞서 귀를 막아버리고 싶은 마음이 드는 것은 지극히 당연한 반응이다. 그러나 여기에서 대응을 잘못하면 그 사람은 한 번 열어둔 마음을 다시 닫아버리고 최후의 행동을 실행으로 옮길지도 모른다.

② 삶과 죽음 사이에서 흔들리고 있다

자살 이외에는 선택지가 없어서 "이성적인 자살"이나 "합리적인 자살" 등이 자주 논의되지만, 그러한 논의는 나에게 탁상공론으로밖에 보이지 않는다. "자살하고 싶다"고 호소하는 사람은 100%, 죽을 의지가 확고한가 라고 묻는다면, 나는 그런 사람을 만난 적이 없다. "자살하고 싶다"고 호소하는 사람도 실은 "죽고 싶다"는 마음과 "살고 싶다"는 마음 사이에서 심하게 흔들리고 있다. 삶과 죽음에 대한 생각의 거센 싸움 속에서 필사적으로 싸우고 있는 것이 바로 자살 위험이 높은 사람의 심리적 특징이다.

"죽고 싶다"라는 말에는 여러 가지 의미가 함축되어 있다. "고민을 해결해 달라." "저의 이야기에 귀를 기울여 달라." "인생을 다시 시작하고 싶다." "가족에게 부담이 되고 싶지 않다." "부당한 처우를 하는 사회에 항의하고 싶다." "마지막까지 나를 버리지 말아 달라"는 등 사람들마다 놓인 인생의 상황에 따라 여러 가지 의미가 있을 것이다.

"자살하고 싶다"고 호소하는 사람의 경우, 본인 자신이 그렇게 생각하고 있어도 실제로는 의식적/무의식적으로 "저를 바라봐 달라." "살려 달라"고 하는 간절한 도움을 외치고 있다. "사람에게는 죽을 권리도 있다." "죽고 싶은 사람은 죽게 놔두면 된다." "어른이 진심으로 죽겠다고 생각했다면 자살을 막을 수는 없다"라는 의견도 나오지만,

자살의 위험이 높은 사람이 삶과 죽음에 대해 양가적인 감정을 갖고 있다는 것을 생각해봐야만 한다. 절망적인 기분을 털어놓으면서 살려 달라고 필사적으로 호소하고 있다는 것을 먼저 이해할 필요가 있다.

③ 시간을 들여서 호소에 경청한다

누군가가 "자살하고 싶다"고 털어놓을 때는 위기 상황임과 동시에 그 고민을 받아들일 수 있는 절호의 기회이기도 한다. 지금까지 필사적으로 절망감을 자신의 가슴 속에 억눌러 왔을지도 모른다. 약을 나눠주고 있는 간호사에게 어떤 환자가 "죽고 싶다."고 말했다고 가정하자. 간호사는 다른 일도 있기 때문에 바쁠 것이다. 그러나 우선 하던 일을 멈추고 곁에 앉아 그 사람과 같은 눈높이에서 이야기를 들어줬으면 한다. 너무 바빠서 충분한 시간을 낼 수 없는 경우도 있을 것이다. 그래도 상대의 호소를 흘려듣고 바로 다른 일로 옮겨가는 것이 아니라 우선은 이야기를 들어주기 바란다. 가능한 한 시간을 내어 편안한 분위기에서 상대가 그대로의 감정을 표현할 수 있도록 해주기 바란다.

아무리해도 시간을 낼 수 없는 경우에는, "이 일이 끝나면 반드시 다시 돌아올 테니까, 그 때 편히 이야기해주세요. 그때까지는 기다려주세요"와 같은 말을 남기면서 이야기를 들어줄 시간을 구체적으로 정하는 방법도 있다. 물론 몇 시간이나 뒤에 약속을 잡는 것이 아니라 가능한 한 가까운 시간 내에 잡고 구체적인 시간을 정해놓는다. 우선 이쪽에서 상대의 이야기를 들을 자세가 되어 있다는 것을 확실히 보여주는 것이 중요하다.

그리고 시간을 들여 철저히 듣는 역할을 맡는다. 이것은 간단하다고 생각할지 모르겠지만, 실은 매우 어렵다. 절망감이 강하게 전해 오며 듣는 쪽은 불안해지고 자살 생각을 멈추게 하려는 어떤 한 마디를 전하고 싶다는 마음이 강해진다. 당황하지 말고 시간을 들여서 절망적인 외침에 귀를 기울이고 있는 동안에 자살 생각을 호소하는 쪽도 귀를 기울이는 쪽도 조금씩이지만 심리적인 여유가 생긴다. 여러 가지 조언을 하고 싶겠지만, 우선은 듣는 역할을 맡는다.

가만히 귀를 기울이는 것이 고통스럽고 무엇인가 말해주고 싶은 마음을 억제할 수 없을 때에는 상대가 한 말을 그대로 따라하는 방법도 있다. "자살 할 거예요"라는 말에 대해 "그렇군요. 자살을 생각할 만큼 힘이 드시군요"라는 식으로 하면 된다.

"자살에 대해 이야기를 나누면 오히려 자살 가능성을 높여버리지는 않을까"라고 불안을 느끼는 사람이 있다. 그러나 이것은 이야기를 듣는 쪽의 불안을 나타내는 경우가 적지 않다. 죽고 싶다고 호소하는 사람과 귀를 기울이는 사람 사이에 신뢰관계가 있어서 진지하게 이야기를 들어주는 것이라면, 자살에 대한 이야기를 나누는 것은 결코 위험하지 않다. 오히려 말로써 자신의 감정을 드러낼 수 있도록 촉구함으로써, 혼란한 상태에서 조금이라도 벗어날 수 있거나 그 사람의 고뇌를 주위의 사람이 알 수 있도록 하는 계기가 된다.

④ 침묵을 공유해도 좋다

"자살하고 싶다"라고 누군가가 말을 꺼냈는데 상대가 진지하게 들어준다는 것을 알게 되면, 봇물이 터지듯 계속 고민을 말하는 사람도 있고 이야기를 꺼낸 후 다음 이야기를 꺼낼 때까지 오랜 시간 이 걸리는 사람도 있다. 후자의 경우가 훨씬 대응하기가 어렵다.

그러나 이러한 침묵을 받아들이고 우선 상대의 말에 귀를 기울인 다. 침묵의 시간을 공유하는 것도 중요하다. 침묵에도 중요한 의미 가 담겨 있다. 당분간은 너무나 힘들어서 말을 꺼낼 수 없다고 하는 상태를 그대로 받아들인다. 가만히 있더라도 "저는 지금 당신과 함 께 여기에 있다"라는 느낌을 환자에게 전달하는 것만으로도 충분한 경우가 많다.

⑤ 해서는 안 되는 일

죽고 싶은 심정을 털어놓으면 강한 불안감이 일어난다. 극히 일반 적인 반응이라면 화제를 바꾸려고 하거나 형식적으로 격려를 하거 나 질책하거나 사회적인 가치관으로 강압해 버리기 쉽다. 이러한 태 도는 금물이다. 누군가가 마지막 지푸라기를 잡는 심정으로 "자살 하고 싶다"라고 털어놓았는데, 당황해서 화제를 딴 데로 돌려버리 는 경우도 적지 않다. 또는 말기여서 치료법도 거의 없는 것이 어느 누구에게도 분명하게 보이는 사람에게 "빨리 회복해서 퇴원합시다" 와 같이 적당히 격려해서 넘어가는 경우도 있다. "생명을 소중하게" "가족도 생각해서"와 같은 누구도 반론할 수 없는 당연한 말을 걸기 쉽다.

그러나 여기에서 화제를 돌리거나 비판하는 듯한 말을 하는 것 어 런무던한 격려의 말을 하거나 세상의 일반적인 상식을 강요하는 것 과 같은 말을 하는 것은 금물이다. 그렇게 하면, 그 사람은 두 번 다

시 속마음을 밝히려고 하지 않은 채 자살을 결심하게 될 지도 모른
다. 우선 본인의 기분을 잘 받아들여줘야 한다.

⑥ 고민을 이해하려는 태도를 전한다

상대가 어떤 문제를 가지고 있는지, 그 문제를 스스로가 어떻게
파악하고 있는지, 어떠한 감정에 사로잡혀 있는지, 어떻게 반응하고
있는지, 자살로 내몰리게 된 이유는 무엇인지와 같은 의문이 말을
듣고 있는 측에서도 솟아날 수 있다. 이러한 점을 이해하려고 하면
서 경청하는 것이 중요하다. 그렇다고 너무 성급하게 질문하는 것은
삼가야 한다.

경청한다고 해도 그냥 듣기만 하는 것이 아니라, 가끔은 "그거는
정말 힘드셨겠네요." "아주 지쳐있는 것처럼 보여요." "아주 괴로운
생각을 하고 계시군요." 등과 같이 자연스러운 반응을 그 사람의 호
소에 공감하는 의미로 보여줘도 괜찮다. 또한 "...라는 말은, ...라는
것처럼 느끼고 계시군요"라는 말로, 상대의 생각이나 느낌을 정리
하도록 도와주는 것도 좋을 것이다.

⑦ 충분히 이야기를 들은 다음 다른 선택지를 보여준다

이렇게 해서, 지금까지 오랫동안 누구에게도 말할 수 없던, 가슴
속에 감춰 두었던 강한 절망감을 드디어 털어놓을 수 있는 상대를
찾아 이야기할 수 있었다고 하자. 그리고 본인의 절망적인 마음을
비판받지 않고, 자유롭게 이야기할 수 있는 분위기를 경험하면 그것
만으로도 마음의 부담은 상당히 가벼워진다.

말로 표현하는 것은 중요하다. 그것은 일반적으로 생각하는 것 이상으로 큰 역할을 한다. 그렇게 함으로써 이제껏 완전히 사로잡혀 있던, 전혀 출구가 없는 것처럼 느껴졌던 문제에 대해서도 조금이라도 거리를 두고, 객관적으로 바라보고 냉정히 대처할 수 있는 첫걸음을 내딛을 수 있게 된다.

물론 자살 문제는 이렇게 단 한 번으로 해결될 만큼 간단하지 않다. 그러나 이것이 문제 해결에 첫 실마리가 된다는 것을 잊지 말아야 한다. 이렇게 하는 것으로 해결의 문이 조금이나마 열리는 것이 된다.

하고 싶은 이야기를 충분히 할 수 있었다는 느낌을 받은 단계에 이르러서, 처음으로 듣는 쪽의 의견을 전해도 늦지 않는다. 자살의 위험이 높은 사람이란, 절망감에 사로잡혀서 유일한 해결책이 자살뿐이라는 강한 확신을 갖고 있다. 건강한 사람 입장에서는 여러 가지 해결책이 있는 것으로 생각하겠지만, 자살 위험이 높은 사람은 일종의 심리적 시야협착에 빠져 있다. 충분한 시간을 갖고 편한 분위기 속에서 속마음을 털어놓고 마음의 여유가 생긴 후에 다른 선택지로 화제를 돌리는 것이 아니라면, 그럴 가능성에 대해서 생각해보겠다고 하는 생각은 들지 않는다. 그리고 최종적으로는 전문가에게 진료 받을 수 있도록 도와준다. 자살의 위험은 일반 사람이 혼자 껴안고 있기에는 너무나 무겁기 때문이다.

⑧ 항상 '자살'이란 화제로부터 속마음을 털어놓는 것은 아니다

어느 날, 저는 초로의 남성에게서 다음과 같은 질문을 받은 적이

있다. "부하직원이 상담할 것이 있다고 왔습니다. 인간관계가 잘 되지 않아서 퇴직하고 싶다고 속마음을 털어놓는 것이었습니다. 젊을 때는 자주 있을 수 있는 일이라고 잘 타이르고는, 거기에서 끝이라고 생각했습니다. 그런데 그 며칠 뒤에 자살을 시도했다는 것입니다. 다행히 목숨은 건졌지만 그렇게까지 심각한 상태인 줄은 솔직히 전혀 몰랐습니다. 제가 어떻게 대응했으면 좋았을까요?"

자살을 심각하게 생각하고 있는 사람은 이 사람이라면 반드시 진지하게 자신의 이야기를 들어줄 것이라고 생각하고, 어느 특정한 사람을 선택하고 마음을 털어놓는다. 그렇다고 해도 처음부터 자살과 같이 심각한 이야기를 꺼낼 수 있는 사람은 드물다. 처음에는 지극히 평범한 이야기에서 시작하는 경우가 많다. "상담할 것이 있다"라고 말했기 때문에 심각한 일일 것이라고 생각해서 자세를 갖추고 기다리고 있었는데, 맥이 풀릴만한 내용이었을 수도 있다.

그러나 거기서 성급하게 "이렇게 해봐라." "저렇게 해봐라"라고 하지 않는 것이 중요하다. 몇 번이나 반복하지만, 우선 듣는 역할을 철저히 해야 한다. 이것은 카운슬링 전문가에게만 요구되는 소양이 아니라 오히려 직장에서라면 당연히 습득해야만 하는 태도이다.

심각한 내용에 대한 상담을 하고 싶다고 생각해도 좀처럼 곧바로 본론으로 들어갈 수 없다. 큰 문제도 아닌 것을, 그리고 굳이 누군가에게 묻지 않더라도, 자신도 답을 알고 있는 것에 대해 말을 꺼낼지도 모른다. 그렇게 해서 상대의 반응을 본다. "진지하게 들어주고 있다"고 느끼면 보다 심각한 내용에 대해 이야기하기 시작한다. 따라서 상담을 요청받은 사람은 서론이 일단 정리되었다고 느껴지면 그것으로 끝내는 것이 아니라, "다른 고민은 없는가?"와 같이 한 마디를 덧붙여 주기 바란다. 그 한 마디가 배경에 잠재되어 있는, 보다 심각한 고민을 알아내는 계기가 되는 경우도 자주 있다. 그 고민이란 가족 문제, 빚, 혹은 자살로 몰리게 된 심리적인 위기일 수도 있다.

4. 어떠한 방법으로 진료를 받도록 할 것인가

가까운 사람이 평소와 분명히 다르고, 그 언동에서 자살의 위험까지 있다고 느껴지는 장면을 생각해보자. 어떻게든 손을 내밀고 싶다. 정신과에 진료를 받도록 해서 전문가의 조언을 얻을 수 있도록 하고 싶다. 본인에게 열심히 진료를 받도록 권하지만 전혀 고개를 끄덕이지 않는다. 그렇다면 어떻게 해야 좋을까. 이것은 현실에서 자주 받는 질문이지만 아직 절대적으로 정해진 답은 없다. 그때의 상황에 따라 궁리하는 것이 중요하다.

이미 자세히 언급했던 것처럼, 자살 위험이 높은 사람은 일종의 심리적 시야협착 상태에 빠져 있고, "자신이 안고 있는 문제의 해결책은 자살밖에 없다"라는 사고방식에 사로잡혀있다. "진료를 받아보면 어떻습니까?"라는 말로 정면 돌파를 해보려고 해도 상대는 그리 쉽게 움직이지 않는다. 그렇다고 해도 "싫다"는 사람을 방치할 수도 없다.

그러면 직장의 동료나 부하가 자살위기에 닥쳐 있다는 것을 알아차린 장면을 상정하고, 어떻게 해서 진료를 받을 수 있도록 할 것인가를 생각해보자.

자살 생각과 같이 심각한 고민을 고백할 정도이기 때문에 털어놓는 상대는 어느 정도 신뢰하고 있을 것이다. 그러한 관계라면 상대가 누구의 말에 귀를 기울일 가능성이 있는지 생각해보기 바란다. 중요한 사람부터 해본다는 것이 가장 먼저 생각해볼 수 있는 점일 것이다. 힘든 마음의 상태를 터놓을 수 있는 사람은 누구인가, 그리고 그 사람의 말이라면 들어줄 가능성이 있는 사람은 누구인가를 찾고, 그 사람을 통해서 진료를 받도록 권유하는 것이다. 중요한 사람은 친구, 선배, 상사, 친척 등 사람에 따라 다르기 때문에, 누가 그 역할을 맡기에 가장 적합한지 생각해본다.

가족과 협력하는 것도 중요한 방법이다. 가족 역시 본인의 최근의 상태 변화를 알고 걱정하고 있을 경우도 많을 것이다. 혹은 가족과 멀리 떨어져 살고 있어서 최근의 변화를 전혀 알아차리지 못했다고 한다면, 긴급한 사태가 일어나버린 다음에 너무나도 크게 동요하게 될 것이다. 특히 자살 위험이 닥친 사람이 젊은 사람일 경우에는 긴급 사태에 대해 가족에게 최근의 상태를 알리고 협력을 얻는다. "절대 가족에게 알리지 말아 달라"고 하는 사람도 있겠지만, 가족들도 굉장히 걱정하고 있을 것이라고 잘 타이른 후에 가족과의 협력을 얻도록 한다.

바로 정신과 수진 전 단계에서 직장에 있는 심신 건강 관련 전문가에게 한번 정도 상담 상대가 되어보는 방법도 있다. 예를 들어, 산업보건의나 카운슬러라고 할 수 있다. 정신과로 바로 가는 것에 저항을 느끼는 사람이라도 직장에서 자주 만나는 이러한 전문가에게 먼저 조언을 구해보자고 하는 권유에 응하는 경우가 있다. 산업보건의나 카운슬러에게 이야기를 들어보고서 그곳을 통해 정신과 의사에게 진료를 받을 수 있도록 한다.

몸과 마음은 밀접하게 연결되어 있어서 우울증에 걸린 사람이라도 여러 가지 신체적 증상이 나타난다는 것은 이미 언급했다. 자살 위험이 높아지고 있는 사람도 최근 신체의 불편함을 자각하고 있는 경우가 많다. 그래서 먼저 신체 문제를 검사하는 방법도 있다. 요즘은 큰 종합병원에 정신과가 따로 개설되어 있는 곳이 적지 않다. 그래서 먼저 종합병원의 내과 등에서 진료을 받고 신체적 문제가 없는지 검사한다. 그런 문제가 없다는 것을 확인한 단계에서 내과의로부터 정신과 소개를 받는 것이다. 종합병원에서는 내과, 정신과 모두 있기 때문에 양자 간의 연계가 잘 이루어져 있다. 내과의라는 전문가의 입장에서 정신과 수진에 대한 조언을 받고서, 그때까지 완강하게 정신과 수진을 거부하던 사람이 한 번 받아볼까 하고 생각에 변화를 일으킬 수도 있다.

우울증에 걸리는 사람의 성격은 원래 꼼꼼하고 고지식한 면이 있다. 그리고 고집이 강하기도 하다. 다만 타인이 자신을 많이 걱정해준다는 점에 관해서는 결코 거부하지 않는다. 거기서 "진찰 받는 것이 좋다"는 말에 쉽게 따르지 않는 경우에는 "최근의 당신 모습을 보고 있으면 걱정이 많이 된다." "나도 함께 갈 테니 한 번 전문가의 조언을 받아 봅시다"라고 말을 거는 접근 방법도 있다. "그렇게까지 걱정해주는 거라면…"이라고 생각하면서 마음이 조금 풀릴 가능성이 있을 것이다. "진료 받으세요"라는 말로는 상대가 움직이지 않아도 "같이 진료 받아 봅시다"라는 방법은 권유 방법은 시도해볼 가치가 있다.

이제까지 서술한 것은 어렴풋이 자살이 일어날 위험을 주위 사람들이 느끼는 상황이다. 그 선을 넘어버린, 현실에서 자신을 해치려는 행위가 있다면 그것은 가까운 장래에 똑같은 일이 반복되어, 되돌릴 수 없는 사태가 발생할 가능성을 강하게 보여준다. 미수가 발생하면, 결코 방치해서는 안 된다. 그러한 경우에는 본인이 완강히 거부하더라도 정신과 진료를 받도록 해야 한다. 매우 위험하다고 판단되는 경우에는 안전을 먼저 확보하여 확실하게 수진으로 이어질 수 있도록 한다. 긴급도가 매우 높다고 판단되는 경우에는 본인의 안전을 우선 확보하고, 확실하게 수진으로 연결되도록 한다.

5. 자살 심리에 관련되어 있는 것

본장의 마지막에서는 자살과 관련된 여러 가지 항목에 대해 언급하겠다. 아주 중요한 항목임에도 널리 알려지지 않거나 혹은 자살과는 아무런 관계도 없는 것처럼 잊힌 항목이다.

실종과 자살의 위험

산업보건 분야에서는 하인리히(Herbert William Heinrich)의 법칙이 널리 알려져 있다. 미국의 기사인 하인리히가 노동재해의 사례

통계를 분석한 결과, 중대 재해가 1건 발생하는 배경에는 경미한 사고가 29건, 그리고 그 징후들이 300여 건 일어나고 있다고 한다. 하인리히의 법칙은 '1대 29대 300'의 법칙이라고도 한다. 대형 사고의 배후에는 수많은 경미한 사고 혹은 사고가 될 뻔 했던 많은 징조들이 벌어진다. 따라서 대형 사고를 방지하기 위해서는 그 이전에 발생하고 있는 많은 문제를 직시하고 해결해야만 하는 것이다.

자살에 관해서도 하인리히의 법칙이 똑같이 적용될 수 있다. 자살은 어느 날 갑자기 아무런 예고 없이 일어나는 것처럼 생각되지만, 실제로는 자살이 일어나기 전에 자신의 건강이나 안전을 지킬 수 없을 것 같은 징조가 자주 발생한다. 직장에서 가끔 볼 수 있는 징조로는 실종이다. 이 책을 정리하고 있을 때, 문득 다음과 같은 신문기사가 눈에 띄었다(기사를 그대로 게재하면 대상자가 특정되기 때문에 고유명사 등은 알파벳으로 바꿨다).

'긴장의 고무가 풀어져서' 무단결근하고 방황

'긴장의 고무가 풀어져서' 약 7개월 동안 무단결근한 것에 대해, A현(縣)은 4일 B과의 주사인 남성직원(38세)을 1일부로, 정직 6개월의 징계처분을 한다고 발표하였다. 올해 2월에 예산편성을 끝내고 "긴장의 고무가 풀어졌다. 훌쩍 떠나고 싶다"는 생각에, 홋카이도(北海道)나 도후쿠(東北)지방 등을 전전하다가 도쿄도(東京都)에서 A현의 동경사무소 직원에게 발견되었다고 한다.

현에 따르면, 남성은 독신이고 2월 15일 이후 부모님에게도 연락하지 않는 채, 행방불명이 되었다. 호텔을 전전하면서 홋카이도나 도호쿠, 간토지방(関東地方)의 관광지를 다닌 것으로 추측된다. 9월 27일 오후 5시경, 도쿄 C부근의 도로를 양복 차림의 모습으로 걷고 있는 것을 안면이 있는 A현 도쿄사무소직원이 우연히 발견하였다. 이 직원은 "자신의 일처리 방식에 대해 자신감을 잃고 훌쩍 떠나고 싶어졌다"고 반성하고 있다고 한다.

　본래는 "긴장의 끈이 풀어졌다"라고 말해야 하지만, "긴장의 고무가 풀어졌다"라고 한 것은 본인의 말을 그대로 인용하였기 때문일 것이다. 이러한 사례는 일반 직장에서도 가끔 일어난다. 회사원이 실종되었을 때, '직장포기', '무단결근', '취업규칙위반'이라는 이야기를 들으면서, 처분의 대상이 되는 것은 드문 일이 아니다. 이제까지의 근무태도가 안 좋거나, 동료와의 관계가 좋지 못했다면, 퇴직을 요구받을만한 적절한 이유가 될 수 있다. 그러나 실종 내내 그 사람이 머무는 곳조차 모르는 상황에서, 불안감에 휩싸인 가족에게 그 사람을 대신해서 사직서를 제출하도록 강요했던 극단적인 사례도 있다고 들은 적이 있다.

　또 실종된 사람이 며칠이 지나 직장에 돌아왔다고 하자. 모두가 얼마나 걱정하고 있었는지는 전혀 신경 쓰지 않은 채 의외로 본인은 건강해보였고, 그다지 심각한 상태가 아닌 듯한 경우도 있다. 그러한 경우에도 책임론이 거론되어 처분이 검토될 수 있다.

　실종이라고 하면 제멋대로인 사람이 갑자기 책임을 내던지고 어딘가로 훌쩍 떠나버리는 것을 상상하기 쉽다. 분명히 그러한 실종도 없는 것은 아니다. 그러나 우울증과 실종(전문용어로는 '둔주(遁走)'라고 하는 것이 정확하다)이 동시에 일어나는 경우에는 매우 심각한 사태라고 생각해야 한다. 자살의 직전단계에서 실종에 이르는 경우도 있기 때문이다.

왜 실종이 일어났는지 정확하게 파악하는 것은 결코 쉽지 않다. 만약 누군가가 실종되었다가 그 후에 발견되었다면, 먼저 정신과 의사에게 진찰을 받을 수 있도록 처리해주기를 바란다. 심각한 마음의 문제를 알아차리지 못하고 직장에서 처분의 대상이 되어버리는 것이 내몰린 사람의 등을 떠미는 결과가 되지 않도록 충분한 배려가 이뤄져야 한다.

만성자살

이것은 저명한 정신분석 의사인 칼 메닝거(Karl Menninger)가 제창한 개념이다. 메닝거는 자살이란 공격성이 자신에게로 반전하여 자신을 향한 결과 생긴 현상이라는 프로이드의 이론을 지지하였다. 그의 저서 『자신을 배신하는 것』(Man against himself)(草野榮三良 譯, 『おのれに背くもの』, 日本敎文社, 1963)에서, 만성자살(Chronic suicide)에 대해, 자살 그 자체에 혐오감을 가지면서도, 약물, 알코올, 기타의 방법을 남용함으로써 서서히 자신을 죽음으로 내모는 행위에 이르는 무의식적인 경향이라고 정의하였다. 만성자살자는 자살을 부정하고 있다는 것을 주장하기 위해, 자주 "힘든 인생을 이러한 방법으로 조금이나마 편하게 하고 있는 것뿐이다"라고 말하며 자신의 행동을 정당화시킨다.

이 개념은 그 후 서서히 확대되어 자신의 건강하지 못한 행위가 죽음으로 이어질 것을 알고 있으면서도 일부러 그러한 행위를 계속하는 것을 만성자살이라고 간주하는 경향도 나오게 되었다. 예를 들어, 그 결과를 이해하면서도 만성질환에 대한 관리를 소홀히 하고, 의사의 조언을 무시하고, 흡연을 그만두지 않고, 과도한 비만과 위험한 운동이나 활동을 일부러 계속하고, 사고를 반복해서 일으키고, 위험한 성행위를 계속하는 행위 전반을 폭넓게 만성자살이라고 간주한다.

심리학적 부검

일반적으로 죽음은 자연사, 사고사, 자살, 타살 이 네 가지 유형으로 분류된다. 어느 것에도 해당하지 않는 것이 원인 불명의 죽음(不審死)이다. 1958년 미국 로스엔젤레스주의 검사관 사무소장인 시어도어 커피(Theodore Curphey)는 검사관과 독물학의 전문가가 협력하는 체제를 정비하였는데, 그래도 약물로 인한 사망의 많은 경우가 정확히 죽음의 유형을 결정할 수 없다는 문제에 부딪쳤다. 사고사인지 자살인지 명확하게 판정할 수 없는 경우가 자주 있었기 때문이다. 그래서 커피는 로스앤젤레스 자살예방센터에 사인불명의 사례에 대한 협력을 의뢰하였다. 그 결과 행동과학 전문가를 포함한 다분야의 전문가들에 의한 연구가 이뤄지고, 에드윈 슈나이더만(Edwin S. Shneidman) 등은 심리학적 부검(psychological autopsy)라는 기법을 개발하였다. 그 주된 목적은 사인불명의 원인을 찾아내어 정확하게 죽음의 유형을 분류하는 것이었다.

심리학적 부검에서는 고인이 왜 죽음을 선택하기에 이르렀는지를 자세히 조사한다. 이를 위해서는 고인을 잘 아는 사람들에게 면접을 실시하고 고인의 행동, 태도, 성격에 대한 정보를 모은다. 또, 의료 기록이나 경찰조서 등의 관련 기록도 가능한 한 참고한다.

그 후, 심리학적 부검은 죽음의 유형을 정할뿐만 아니라 처음부터 지살이라는 것이 확정된 사례에 대해서도 왜 자살이 일어났는지에 대한 심리학적 과정을 검토하기 위해 사용되기 시작하였다. 현재는 자살의 실태를 해명하기 위해서 이 기법이 전 세계적으로 활용되고 있다.

심리학적 부검을 실시하는 팀의 멤버는 선입견을 갖지 않은 채, 고인을 잘 아는 사람들을 면접하고 관련 자료도 검토한다. 그리고 특히 죽음에 이르는 과정에 초점을 맞추어서, 고인의 생활 방식을 재구성한다. 그리고 입수한 모든 정보를 활용하여 죽음에 이를 때까지의 매일 매일을 고인이 어떻게 느끼고 생각하고 자살 행위에 이르게 되었는지를 이성적으로 조사한다.

그리고 심리학적 부검에서는 또 하나의 매우 중요한 측면이 있다. 심리학적 부검을 조사를 위한 조사로만 끝내면 안 된다는 것이다. 자살이 발생하고 난 후, 남겨진 사람들은 심각한 마음의 상처를 입고 있을 가능성이 크다. 그래서 심리학적 부검을 실시함으로써, 남겨진 사람들의 마음의 상처를 깊게 만들어 버리는 일이 있어서는 안 된다. 오히려 남겨진 사람들이 경험하고 있는 바람과 같은 감정을 솔직하게 표현할 수 있는 장을 마련하고 마음의 상처를 치유하는 역할을 다하지 않으면 안 된다. 경험이 풍부하고, 공감능력이 뛰어난 전문가가 심리학적 부검을 실시하면, 남겨진 사람들에 대해 실제로 치유의 가치가 있을 정도의 질 높은 면담이 이뤄질 수 있다는 점을 덧붙이고 싶다.

제3장

마음의 병과 자살

자살예방

여기까지 자살이 발생하는 배후에는 종종 마음의 병이 잠재되어 있다는 것을 지적해왔다. 그리고 마음의 병에 대한 올바른 지식이 부족하다는 점과 현재도 마음의 병에 대한 편견이 강하기 때문에 많은 사람들이 적절한 치료를 받지 못한 채 스스로 목숨을 끊고 있다. 그래서 이 장에서는 마음의 병, 특히 우울증에 초점을 맞춰 다루고자 한다.

1. 치료를 받지 못하고 자살하는 사람들

무사가 할복하는 이미지가 너무나 널리 침투해 있기 때문인지, 일본에서는 각오하고서 자살한다고 하는 선입견을 많은 사람이 갖고 있다. 그렇게 생각한다면, "자살을 예방하는 것이 가능한 일인가?"라는 의문이 드는 것도 당연하다. 그러나 나는 정신과 의사로서, 냉정하게 판단하고서 죽음을 선택하고, 그 뜻에 흔들림이 없다고 하는 사람을 지금까지 만나본 적이 없다. 그리고 나의 임상적인 경험뿐만 아니라 많은 조사 결과가 그것을 뒷받침을 하고 있다.

예를 들면, WHO의 여러 나라에서 공동 조사한 내용을 보자. 1만 5,629건의 자살에 대해서 심리학적 부검을 실시하고, 그 결과를 정리한 것이 <그림 3-1>이다. '우울증'과 '약물남용'(알코올 의존증이 대부분을 차지함)만으로도 자살자의 절반 정도를 차지하고 있다. 한편, '진단 이력 없음'과 '적응장애'를 합쳐도 4.3%에 불과하다는 사실은 주목할 만하다. 즉, 대다수(약 95%)의 자살자는 자살을 시도하

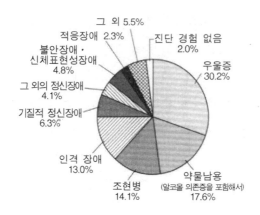

그 외 5.5%
적응장애 2.3%
불안장애·
신체표현성장애
4.8%
그 외의 정신장애
4.1%
기질적 정신장애
6.3%
인격 장애
13.0%
조현병
14.1%
약물남용
(알코올 의존증을 포함해서)
17.6%
진단 경험 없음
2.0%
우울증
30.2%

출처) WHO, 2002년

〈그림 3-1〉 정신질환과 자살

기 전에 어떠한 마음 병을 앓고 있던 상태였다. 더욱 문제인 것은 스스로 목숨을 끊는 사람 중 적절한 정신과 치료를 받고 있던 사람은 고작 20% 정도에 지나지 않다는 것이다.

내가 정신과 의사이기는 하지만, 정신과 치료를 받는다면 모든 자살을 예방할 수 있다고 단언할 생각은 없다. 중증 정신질환을 앓고 있었고 치료를 위해 상당한 노력을 기울였음에도 안타깝게 자실로 끝나버린 예도 분명히 있다. 그러나 많은 경우가 치료도 받아보지 않고 마지막 행동에 이른다. 치료를 받고 있었다면, 막을 수 있는 여지가 상당히 많이 남았을 것이라고 말하고 싶은 것이다. 자살예방이라고 하면, 정신과의 전문 영역이라고 생각하겠지만 정신과 치료도 받지 못한 채 자살이 일어나 버린다는 것이 유감스럽지만 현 상황이다.

우울증, 알코올 의존증, 조현병에 관해서 효과가 증명된 각종 치료법이 이제는 개발되어 있다. 이 세 종류의 정신질환만이라도 조기에 발견하여 적절한 치료로 이어지도록 한다면, 자살예방의 효과가 충분히 나타날 것이라고 WHO는 계속해서 강조하고 있다.

2. 자살예방과 우울증 치료의 관계

"자살예방이 중요하다는 것은 잘 알고 있습니다. 그러나 우울증 대책만으로 자살예방이 가능할까요? 그 이외에도 여러 가지 이유로 자살이 일어나고 있다고 생각합니다만"이라는 질문을 자주 받는다. 이것도 당연한 질문이다.

WHO와 일본의 후생노동성도 자살예방의 첫 목표로 우울증 대책을 들고 있다. 이것은 아무런 대책도 없이 방치되어 있는 우울증 환자를 조기에 발견하여 적절한 치료로 연계시키는 것이 자살예방으로 이어지는 첫걸음이 된다고 생각하기 때문이다.

확실히 마음의 병을 생각한다면, 우울증뿐만 아니라 알코올 의존증, 약물남용, 조현병, 인격장애 등으로 인해 자살을 시도하는 사람이 있다. 그리고 마음의 병을 앓고 있지 않더라도 경제적 궁핍이나 인간관계로 인해 자살을 선택하는 사람도 있다.

그러나 이 모든 것을 일거에 대처한다는 것은 있을 수 없다. 그래서 첫 목표로 삼아야 하는 대상을 무엇으로 할지가 문제가 된다. 대략 10명 중 1명은 일생에서 어떤 시기에 한 번은 우울증을 앓는다고 한다. 우울증은 결코 드문 병이 아니다. 이제는 우울증을 "마음의 감기"라고 부르기까지 한다. 그러나 "감기는 만병의 원인"이라는 말도 있는 것처럼, 경우에 따라서는 마음의 감기를 방치하면 "마음의 폐렴"이 될 수도 있다.

다행히 현재는 우울증에 유효한 치료법이 있다. 종래의 약과 비교해도 부작용도 적고 효과적인 항 우울증 치료제가 개발되어 있으며,

여러 가지 심리요법(카운슬링)도 개발되었다. WHO는 우울증의 85%는 치료에 반응한다고까지 강조하고 있다.

그러나 적절한 치료를 받고 있는 우울증 환자는 지극히 소수이다. 치료를 받았다고 해도 항 불안약만 처방되거나 항 우울제가 처방된다고 하더라도 그 양이 유효량에 미치지 못하는 경우도 자주 있다. 분명히 중증으로 만성화되어버린 우울증도 있지만 실제로는 우울증이라고 알아차리지 못한 채 혹은 우울증이라는 것은 부인하면서 치료를 받지 못한 채 최악의 사태가 발생하는 예가 압도적으로 많다.

실제로 조기에 우울증을 진단하고 적절한 치료를 실시함으로써 어느 지역의 자살률을 확실히 줄일 수 있었던 사례가 일본뿐만 아니라 세계 각지에 있다.

이러한 배경에서, WHO와 후생노동성도 가장 먼저 대처해야 할 의학상의 문제로서 우울증 대책을 주안점에 두고 있는 것이다.

이러한 방법을 통한 자살예방 전략을 메디컬 모델 또는 고위험 전략이라고 불린다. 이것은 소위 미즈기와 작전(水際作戦)*이라고도 할 수 있지만, 현 시점에서는 질병이 아니라 건강한 사람에 대해서, 마음의 위기에 빠지지 않도록 하기 위한 교육이 당연히 필요하다. 이와 같은 전략을 커뮤니티 모델이라고 부른다. 메디컬 모델과 커뮤니티 모델 쌍방을 서로 연계시켜 활동을 실시해야만 정말 유효한 예방 대책으로 될 수 있다.

---

* 역자주) 병원균이나 해충 등이 국내로 침입하지 못하도록 항만, 공항 등에서 방역체제를 취하는 대응조치를 말한다.

3. 우울증이란

우울증은 정신과 의료의 현장에서 가장 많이 대할 수 있는 병이라고 할 수 있을 것이다. 스트레스가 만연한 사회에서는 우울증이 널리 확산되어 있다고 알려져 있다. 그러나 일반인뿐만 아니라 (정신과 이외의) 의료 관계자들마저 우울증에 대한 올바른 지식을 갖고 있는 사람은 제한적이다. 그래서 우울증에 대해 조금 더 자세히 살펴보도록 하자.

우울증은 상당히 강한 스트레스에 자주 노출되었을 때 그 결과로 걸리는 것으로 알려져 있다. 어떤 한 가지라도 큰 부담을 안고 있어서 우울증에 걸리는 사람도 있다. 또 단기간 동안 퇴직과 취업을 반복하고 그와 같은 시기에 이혼이나 부모의 죽음을 경험하거나 자신도 병에 걸린 끝에 우울증에 걸린 사례도 있다. 그러나 아무리 비참한 경험을 하더라도 그 시련을 극복하는 사람이 존재하는 것 또한 사실이다.

우울증에 걸리는 배경 요인으로는, <그림 3-2>처럼 생각해 보는 것이 좋을 것이다. 결코 하나의 원인으로만 우울증에 걸리는 것이 아니라 여러 가지 원인이 겹쳐서 우울증이 발병하는 것이다. 특히 환경적 요인, 성격, 소질(負因) 등의 원인이 있다. 분명히 환경 요인(소위 스트레스라고 생각하면 됨)이 가장 큰 원인이 되어 우울증이 발병하는 사례도 있지만, 그 외에도 우울증에 걸리기 쉬운 성격경향도 있다. 또한 소질도 고려할 필요가 있다. 요약하면 우울증에 걸리기 쉬운 가족적 혹은 생물학적 배경이 존재한다는 것이다. 예를 들면, 부

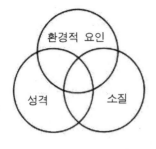

〈그림 3-2〉 우울증의 원인

모도 우울증에 걸렸고 5형제 중 3명이 우울증에 걸린 경우에는, 가족 중에 우울증을 갖고 있지 않은 사람에 비해 비교적 작은 스트레스에도 우울증에 걸릴 가능성이 높다고 여겨서 더욱 주의를 해야만 한다.

환경 요인, 성격, 소질 중 특정의 것 하나가 가장 큰 영향을 미치고 있는 것인지, 아니면 전부가 골고루 원인이 되고 있는지에 대해서는 사례별로 다르기 때문에 신중히 검토할 필요가 있다.

참고로 미국 정신과의학회 조사에 따르면, 우울증의 생애유병률(일생 동안 우울증에 걸릴 확률)은 여성이 10~25%, 남성이 5~12%, 시점 유병률(특정 시점에 어느 지역의 주민 가운데 우울증 환자가 점하는 비율)은 여성이 5~9%, 남성이 2~3%라고 한다. 또 중증 신체질환에 걸린 환자가 동시에 우울증이라고 진단될 확률은 더욱 늘어나 20~25%에 이른다.

증상

우울증이라고 하면 기분이나 감정, 사고방식이나 의욕에 관한 증상에만 집중하기 쉬운데, 신체적인 증상으로도 자주 나타난다는 것을 이미 지적하였다.

기분이나 감정적인 면으로 나타나는 증상으로는 침울함, 짜증, 눈

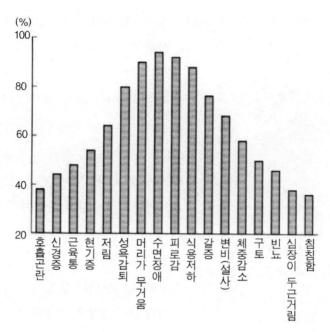

출처 : 신후쿠 나오타케 『일반임상에서 디플레이션』 金原出版, 1970년

〈그림 3-3〉 우울증의 신체증상

물이 많아지거나, 불안감, 자책감, 자신은 없어지는 편이 낫다는 생각, 죽음까지 생각하게 되는 것 등이다.

사고방식이나 의욕적인 면에 나타나는 증상으로는 일의 능률이 떨어지고, 주의를 집중할 수 없고, 결단력이 둔해지고, 늘 즐기던 것에 대해 흥미가 일지 않는 것 등이다. 우울증을 앓고 있는 사람은 종종 단기간에 끝낼 수 있는 일조차 오랜 시간이 지나도 끝낼 수 없다고 호소한다.

그리고 기분이나 감정, 사고방식이나 의욕 이외에도 신체적인 면에서도 여러 가지 증상이 나타난다. <그림 3-3>은 우울증과 관련된 신체 증상에 대해 보여준다. 불면, 식욕부진, 체중감소(극히 드물게 과수면증이나 식욕 증가) 등의 증상은 대부분의 사례에서 나타나지만, 그 외에도 몸 전체 여러 부위에서 증상이 나타나더라도 이상하지 않다. 모든 증상이 한꺼번에 나타나는 것이 아니라 어떠한 특정 증상만 나타나는 사람, 어떤 증상이 가라앉으면 다른 증상이 나타나는 사람 등 우울증의 신체증상이 출현

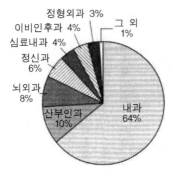

출처) 三木治「プライマリ・ケアにおけるうつ病の治療と実態」『心身医学』42:585-591, 2002.

〈그림 3-4〉 우울증과 신체증상

하는 방식은 여러 가지이다.

마음의 병에 대해 일본에서는 아직까지 편견이 있고, 또 정확한 지식도 널리 보급되어 있지 않다. 그래서 우울증 치료라고 하면 정신과만이 전문이라고 생각할지 모르지만, 사실 우울증에 걸린 사람은 처음에는 신체적 증상을 호소하며 정신과가 아닌 곳에서 진료를 받는 것이 실상이다. 그 실태를 <그림 3-4>에 제시하였다. 우울증 환자의 3분의 2가 초진 시, 내과에서 수진한 것으로 나타났다. 처음부터 정신과에서 수진한 사람은 불과 6%이고, 심료내과와 정신과를 합쳐도 10%정도일 뿐이다. 또 갱년기 장애가 의심되어 산부인과에서 수진하거나 현기증이 나타나서 뇌외과나 이비인후과에서 수진하는 사람도 있다.

이러한 경향은 과로자살 재판에서도 마찬가지로 밝혀졌다. 과로자살 재판에서 제출된 의사 의견서를 검토한 결과, 재판에서 언급된 자살자의 약 90%는 우울증이었다. 그 중의 절반이 신체증상을 호소하며 내과에서 수진하였지만, 정신과에서 수진한 사람은 10% 정도뿐이었다.

이러한 현상에 입각하여 일본의사회는 정신과를 전문으로 하지 않는 의사를 대상으로 자살예방을 위한 안내서를 작성하고, 전 회원에게 배포하였다(日本医者会編 『自殺予防マニュアル――一般医療機関におけるうつ状態うつ病の早期発見とその対応』, 明石書店, 2004).

한창 일할 세대에서는 실제로 중증의 신체 질병이 숨어 있는 경우가 있다. 따라서 검사를 받을 것을 강하게 권하는데, 검사 결과로는 확실한 이상이 없다고 하지만 몸 상태가 계속해서 좋지 않은 경우에는 우울증의 가능성을 의심해서 전문가에게 진료를 받아보기를 바란다.

더욱이 중증 우울증에서는 망상증이 나타나는 경우도 있다. 망상은 사실과 다른 내용을 굳게 믿으면서 사실을 내밀어도 흔들리지 않는 확신을 갖고 있다. 그러한 사실은 없는데도 다음과 같은 걱정을 집요하게 호소하는 경우이다. "피부 발진이 낫질 않는다. 에이즈에 걸렸다는 증거이고 내 목숨은 몇 달 남지 않았다. 담당의사는 이 사실을 숨기고 있다"(심기망상), "나만큼 죄를 많이 지은 사람은 없을 것이다. 지금까지 인생에서 잘못만 저질렀다"(죄업망상), "전 재산을 잃어버렸다. 당장 내일부터 가족들이 길거리에 나앉게 생겼다"(빈곤망상)와 같이 생각을 그렇다고 받아들이는 것이다. 이러한 상태가 지속된다면 상당히 중증이다. 망상의 영향으로 주위에서 일어나고 있는 일들을 정확하게 파악할 수 없게 되고, 본인의 판단력이 극단적으로 저하되기 때문에 곧바로 정신과 치료를 받을 수 있도록 주위 사람들이 배려해야만 한다.

이상의 내용을 정리해서, 본인 스스로 느끼는 증상, 주위 사람들이 보고 알 수 있는 증상, 신체에 나타나는 증상으로서 <표 3-1>에 우울증 증상을 제시하였다. 또 <표 3-2>는 대표적인 우울증 자기진단 리스트이다. 다만, 이와 같은 자기진단법은 어디까지나 우울증의 가능성을 검토하기 위한 스크리닝기법 중 하나에 불과하기 때문에, 전문가의 진단을 대신할 수 없다는 것을 잊어서는 안 된다. 이러한 자기진단법으로 높은 점수가 나왔다고 해서 바로 우울증이라고 단정 짓는 것이 아니라 그것을 출발점으로서 조기에 전문가에게 진료 받기를 바란다.

<표 3-1> 우울병의 증상

스스로 느낀 증상	우울증, 기분이 무거움, 기분이 침체됨, 슬픔, 초조함, 기운 없음, 집중력 없음, 좋아하는 것도 하기 싫음, 세세한 것에 신경쓰임, 중요한 일을 뒤로 미룸, 만사를 안 좋은 쪽으로 생각함, 결단을 내리지 못함, 나쁜 짓을 한 것처럼 생각하여 자책함, 죽고 싶어짐, 잘 수 없음
주위 사람들이 알아차린 증상	표정이 어두움, 눈물을 잘 흘림, 반응이 느림, 진정하지 못함, 음주량의 증가
신체에 나타나는 증상	식욕이 없음, 변비에 걸리기 쉬움, 몸이 나른함, 곧잘 피곤해짐, 성욕이 없음, 두통, 심장이 두근거림, 위장의 불쾌감, 어지러움, 갈증

〈표 3-2〉 우울증 자기평가 척도

	없거나 드물게	가끔	자주	항상
① 기분이 침체되어 있고, 우울하다				
② 아침녘이 가장 기분 좋다				
③ 사소한 일로 울거나 울고 싶다				
④ 밤에 잘 잘 수 없다				
⑤ 식욕이 보통이다				
⑥ 성욕이 보통 있다(이성 친구와 사귀어보고 싶다)				
⑦ 최근에 야위었다				
⑧ 변비에 걸렸다				
⑨ 평소보다 심장이 두근거린다				
⑩ 왠지 쉽게 피로하다				
⑪ 기분이 언제나 산뜻하다				
⑫ 평소와 다름없이 일(주변의 것들)이 가능하다				
⑬ 침착하지 못하고 가만히 있을 수 없다				
⑭ 미래에 대한 희망(흥미)이 있다				
⑮ 평소보다 초조하다				
⑯ 망설이지 않고 정할 수 있다				
⑰ 도움이 되는 사람이라고 생각한다				
⑱ 지금의 생활에 충실하고 있다고 생각한다				
⑲ 자신이 죽어야 주변사람들이 편해진다고 생각한다				
⑳ 지금의 생활에 만족하고 있다				

[채점법]

질문항목	없거나 드물게	가끔	자주	언제나
① ③ ⑤ ⑦ ⑨ ⑪ ⑬ ⑮ ⑰ ⑲	1점	2점	3점	4점
② ④ ⑥ ⑧ ⑩ ⑫ ⑭ ⑯ ⑱ ⑳	4점	3점	2점	1점

[평가기준]

합계점수	평가
39점 이하	우울증 경향이 적음
40~49점	경증의 우울증 경향이 있음
50점 이상	중증도의 우울증 경향이 있음

출처) Zung, W.W.K., Moore, J., Suicide potential in a normal adult population, Psychosomatics, 17:37~41, 1976.

우울증에 걸리기 쉬운 성격

최근에 '꼼꼼하고, 고지식하고, 근면한' 사람이 우울증에 걸리기 쉽다는 사실이 널리 알려져 있다. 이에 대해서 집착성격이라고 부르는데, 이러한 성격은 결코 드물지 않다. 또 우울증이 발병하지 않는 한, 이런 사람은 조직의 이익을 올리는 일에 공헌하는, 오히려 고마운 존재일 것이다. 자신을 희생 하면서까지 일을 하며 소홀히 하지 않는다. 무리한 자기주장을 피하고 주위 사람들과의 화목을 소중히 한다. 그리고 자신이 가지고 있는 일만으로도 벅찬 상황인데도 부탁받은 일을 거절하지 못하고 주위 사람의 몫까지 떠맡아버린다.

이렇게 보면, 주위 사람들을 생각하고 열심히 일하는 등의 좋은 면만 떠오를지 모르겠지만, 자세히 보면, 유연성이 없고 그 때의 상황에 따라 임기응변하게 대처하지 못하는 측면도 있다. 단순히 말하면, 자신의 능력 범위에서 어제와 같은 일이 오늘도, 그리고 오늘과 같은 일이 내일도 계속되는 상황 속이라면 끈질기게 일하지만, 갑작스러운 상황의 변화에 대응하는 것에는 의외로 약한 측면이 있다. 승진하며 책임이 늘어났기 때문에 우울증에 걸렸다는 사람들은 대부분 이러한 패턴이라고 할 수 있다.

좀 더 깊이 살펴보면, 자기부전감(自己不全感), 완벽주의적 성향, 대타과민성(對他過敏性)이라는 특징도 우울증에 걸리기 쉬운 사람에게는 더 많이 나타난다. 즉, 주위 사람들에게는 '열심히 일하는 부지런한 사람'처럼 보이지만, 본인은 자신의 능력에 충분한 자신감이 없으며 열심히 일함으로써 자기부전감을 필사적으로 보완하려고 하는 면이 있다. 또한 모든 일을 완벽하게 다루어야 한다는 강박적인 특성도 자주 보인다. 그리고 달성한 것을 자신의 기준에 비춰 적절하게 평가하는 것으로는 충분하지 않고, 타자가 그것을 어떻게 보고 있는지에 매우 민감해한다. 자신을 평가하는 기준이 자신 내부에 있는 것이 아니라 외부의 척도를 늘 기준으로 삼기 때문에, 항상 주위 평가에 신경을 쓰는 경향이 있다.

우울증 심리치료법에 새로운 국면을 개척한 아론 벡(Aaron T. Beck)이라는 정신과 의사가 있다. 벡은 인지요법을 개발했는데, 그 이론에 따르면 우울증에 걸리기 쉬운 사람은 다음과 같은 세계관을 가지고 있다고 한다. ① 자신이 과거에 해왔던 일들은 모두 실패였다. ② 현재 자신이 맡고 있는 일도 대단한 일이 아니라고 생각한다. ③ 따라서 과거나 현재로부터 이어지는 미래에도 예측할 수 있는 것을 실패뿐이다. 이렇듯 과거, 현재, 미래에 대한 부정적인 생각을 하는 것은 우울증에 걸리는 사람의 특징이라고 한다.

실제 임상 실험에서 우울증인 사람을 보면, 집착성격 혹은 인지요법이론에 기초한 우울증의 병전 성격(premorbid personality) 중 어느 한쪽인 사람은 의외로 적고, 어느 정도는 이 양자의 특징이 같은 환자에게 동시에 존재한다고 말할 수 있을 것이다.

4. 우울증 치료

정신과 치료에 대해서는 구체적인 이미지가 떠오르지 않는 사람이 많을 것이다. 진료를 받자마자, "어린 시절의 경험 따위 묻지 말아주세요. 저는 약만 받으면 됩니다. 인터넷에서 알아보고 왔습니다. 이 약을 처방해주세요"라고 말하는 사람도 있고, "약을 먹는 것은 두렵습니다. 약을 쓰지 않고 상담만으로 낫게 해주세요"라고 말하는 사람도 있다. "우울증에 대한 치료는 도무지 이해가 안 됩니다. 치료의 중심이 되는 것은 약인가요? 아니면 상담인가요?"등의 질문도 자주 받는다.

물론 사례에 따라, 어느 한 쪽에 역점을 둘 수도 있겠지만 결론부터 먼저 말하자면, 대부분의 경우는 약물요법도 필요하고 심리요법도 필요하다.

약물요법과 심리요법은 자동차의 양 바퀴와 같은 것이라고 생각하면 된다. 나는 다음과 같이 자주 설명하는데, "우울증의 치료에는 약을 먹는 것도, 인생의 문제를 언급하는 것도 모두 동일하게 중요합니다. 당신의 원래 힘이 10이었는데 지금은 그것이 2나 3정도가 되었다고 생각해보세요. 약을 먹어서 우선 그 힘을 5정도로 올리고 싶은 거예요. 나머지 5는 당신이 안고 있는 문제를 함께 생각해가면서 되찾도록 합시다."

최근에는 부작용이 적고 사용하기도 쉬우며 효과가 충분히 나타나는 새로운 항 우울제가 개발되어 있다. 그러나 당연한 일이지만 약은 마법의 지팡이가 아니다. 약을 복용한다고 해서 바로 힘을 되찾을 수 있는 만큼의 극적인 효과를 보는 일은 극히 드물다. 정신력이 약해지거나 부작용으로 인해 체력이 완전히 소모되어 버리는 것도 아니다. 일반인들과 대화를 하다보면 정신과의 약이 인격을 바꿀 수 있을 정도로 무엇에도 효과가 좋고, 건강할 때의 힘을 당장 내일에라도 되찾게 해줄 만큼 만능약이라고 생각하거나 혹은 백해무익한 마약과 같이 생각하는 양극단의 경우가 많이 있다는 것을 느낀다. 그러나 어느 쪽도 바람직한 태도는 아니다.

우울증의 심리요법은 현재에도 다양한 방법이 개발되고 있다. 우울증에 걸리기 쉬운 사고방식에 작용하여, 적응력이 낮은 선택지에 초점을 맞추고, 지금까지보다 선택의 폭을 넓힐 수 있도록 한다. 증상에 따라 약물요법과 심리요법의 비중을 조금씩 바꾸지만, 원칙적으로는 양쪽 모두 우울증 치료에 빠질 수 없다.

약물요법

<표 3-3>에 제시된 SSRI(선택적 세로토닌 재흡수 억제제)나 SNRI(세로토닌 노르아들레날린 재흡수 억제제)가 최근에는 우울증 치료에 최우선적으로 선택되는 약이다. 종래의 항 우울제와 비교해서 부작용이 비교적 적으며 효과는 거의 동등이다. 단, SSRI이나 SNRI만으로는 충분한 효과가 나타나지 않고 종래의 삼환계 항 우울제(三環系抗憂鬱藥)를 사용해야 하는 경우도 있다.

우울증의 약물요법의 흐름을 <그림 3-5>에 정리하였다. 최근 개발되는 항 우울제는 종래의 약과 비교해서 부작용이 적다고는 하지만, 전혀 없는 것은 아니다. SSRI나 SNRI라도 해도 메스꺼움, 구토, 불안 초조함, 불면, 어지러움 등의 부작용이 나타나는 사람도 있다. 부작용은 특히 투여 초기에 나타나기 쉽기 때문에, 소량을 복용하는 것부터

〈표 3-3〉 새로운 항 우울제

구분	일반 명칭	상품명	하루 투여량
SSRI	플루복사민	데푸로멜	50~150 mg
		루복스	
	파록세틴	파키실	20~40 mg
SNRI	밀나시프란	톨레도민	50~100 mg

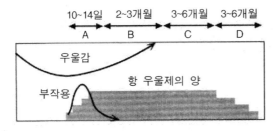

A : 항 우울제의 효과 발생이 시작하기까지 시기
B : 우울증 증상이 나아지는 시기
C : 증상이 좋아진 뒤, 약을 줄이지 않고 계속하는 시기
D : 항 우울제를 조금씩 줄여가는 시기

출처) 宮岡等: うつ状態, うつ病. 每日ライフ28(2) 1997.

〈그림 3-5〉 우울증에 대한 항 우울증제 요법

시작해서 천천히 양을 늘려간다(인터넷이나 책에서 부작용에 대한 글을 보고 심하게 걱정하는 사람과 자주 만난다. 또 신문에서도 위험한 부작용에 대해서 보도하기도 한다. 이러한 정보 때문에 불안해지면, 우선 담당 의사에게 상담을 받아보기 바란다. 이런 종류의 정보들은 모든 부작용에 대해 언급하고 있기 때문에 불안감을 키우는 역할을 하기 쉽다. 빈도가 높은 부작용부터 위험하지만 자주 발생하지 않는 부작용까지 모두 쓰여 있다. 의사는 약이 가지고 있는 주작용과 부작용을 고려하면서 사용한다. 약에 관한 질문을 받고도 적절한 설명을 해주지 않는 의사는 충분히 신뢰할 수 없을 것이다).

참고로 항 우울제의 효과가 나타날 때까지는 어느 정도의 기간이 필요하다는 것도 기억해 주기를 바란다. 효과가 나타날 때가지 적어도 1~2주는 걸리기 때문에, 며칠 복용한 것만으로 효과가 나타나지 않는다고 해서 복용을 중지해버리면 의미가 없다.

정신과 이외의 과에서 항 우울제를 투여 받고 있는 경우, 효과가 충분히 나타날 만큼의 양을 투여 받지 않고 있는 경우가 자주 있다. 그럴 때에는 부작용이나 효과의 발현을 검토하면서 항 우울제의 양을 늘리는 것이 중요하다.

항 우울제의 효과가 나타나고 증상이 개선되었다고 하자. 그러면 바로 복약을 중지해버리는 사람도 적지 않다. 그 때문에 우울증이 만성화되거나 재발로 이어질 수도 있다. 증상이 충분히 개선된 뒤에도 몇 개월간은 그대로 양을 유지한다. 그리고 항 우울제를 줄일 단계가 되어도 한 번에 투약을 중지하는 것이 아니라 시간을 갖고 천천히 줄여간다. 약의 양을 줄이는 방법에 대해서도 담당의사와 잘 의논하여 신중히 진행한다.

우울증 증상이 한 번만으로 끝나거나 완전히 회복되는 사람만 있는 것은 아니다. 우울증이 반복되는 사람에게는 증상이 안정되는 관해기(寬解期)에도 약의 양을 줄이면서도 어느 정도의 양(유지량)은 계속 복약을 하는 것이 재발 예방에 도움이 되는 경우도 있다.

우울증의 대부분의 경우 불면증이 수반되기 때문에 적절한 수면제의 사용도 필요하다. 이러한 점도 담당의사와 잘 상담하기 바란다.

심리요법

우울증 급성기 치료의 7원칙으로서 가사하라 요시미는 다음과 같이 정리하고 있다(笠原嘉 著『輕症うつ病―ゆううつの精神病理』 講談社現代親書, 1996). 이하는 약물요법이나 심리요법을 포함한 우울증 치료의 대원칙이며, 괄호 안은 내가 부가한 내용이다.

① 우울증에서 치료의 대상은 '좋지 않은 몸 상태'이지 단순한 '긴장 풀림'이나 '나른함'이 아니다(환자뿐만 아니라 가족들도 종종 그 상태가 무기력함이나 나른함 때문에 발생하는 것으로 믿고 고민한다. 그래서 초기 단계의 치료로 이어지지 못하는 경우도 많다. 이러한 사고방식은 사실에 근거하고 있지 않다는 것을 반복해서 설명한다).

② 할 수 있다면 빠른 시기에 심리적 휴식을 취하는 것이 쉽게 회복한다는 점을 알린다(다른 병과 마찬가지로 우울증도 조기발견/조기치료가 회복의 최선책이다. 우울증 환자는 좀처럼 치료나 휴식에 전념하지 못하는 경향이 있기에, 결심이 서기만 하면 치료는 성공을 향해 크게 한 걸음을 내딛게 된다).

③ 예상되는 치료의 시점을 알린다(대략 어느 정도의 기간 동안 치료에 전념하고 충분한 휴식을 취할 필요가 있는지를 제시하면 환자는 안심이 된다).

④ 치료하는 동안, 자기 파괴적인 행동(예를 들면, 자살을 시도하는 등)을 하지 않을 것을 약속한다(자살에 대해 생각하는 것을

멈출 수는 없더라도, 자살충동에 압도될 것 같으면, 반드시 담당의사에게 연락하도록 약속한다. 이 약속을 할 때, 환자가 어떤 반응을 보이는지 지켜보는 것도 자살의 위험도 평가 중 하나이다).

⑤ 치료 중 증상에 일진일퇴(一進一退)가 있다는 것을 반복해서 알린다(환자나 가족들은 종종 일직선으로 회복되는 것을 기대하기 쉽다. 그러나 실제로는 조금 좋아지다가도 다시 증상이 악화되는 과정을 반복하면서, 서서히 회복된다는 점을 설명한다. 조금 좋아진 뒤에 증상이 다시 악화되면 아주 낙담해버리는 환자나 가족도 많다).

⑥ 환자의 인생에 관한 큰 결단은 치료완료 후로 연기하도록 조언한다(환자가 기혼자면 이혼을, 회사원이면 퇴직을, 학생이면 퇴학을 자주 화제로 삼는다. 자기평가가 극단적으로 낮아지고 주위의 사람들에게 미안한 마음도 매우 강한 상태에서 남은 인생을 판가름할 수도 있는 중요한 결단을 내리는 것은 현명하지 않다. 우울한 상태로부터 회복한 뒤에 결단을 내리도록 돕는다).

⑦ 복약의 중요성, 복약으로 인해 생길 수 있는 부작용을 미리 알리고, 관심을 보이는 사람에게는 그 작용 과정을 설명 한다(전항에서 서술한 약물요법의 원칙을 환자가 이해할 수 있는 말로 설명한다).

인지요법

우울증의 심리요법에 대해 언급하려면, 그것만으로도 한 권의 책이 되어버리기 때문에 여기에서는 그 중 하나인 인지요법에 대해 간단히 소개하겠다. 정신과 의사 아론 벡은 인지요법의 기초를 쌓았는데, 그 이론에서는 인지, 감정, 행위 사이에 밀접한 관계가 존재한다는 것을 가정하고 있다. 인지요법의 목표는 다음과 같다.

① 현재의 문제와 관련된 인지를 찾는다(인지란 어느 인물이 주위의 세계를 그 사람만의 독자적인 방법으로 파악하는 양식을 말한다).
② 인지, 감정, 행위 간의 독특한 관계를 인식한다.
③ 중요한 확신을 지지 또는 반론하게 만드는 사실을 검증한다.
④ 보다 적응하기 쉬운 다른 선택지를 실행하도록 환자를 돕는다.
⑤ 최종적으로는 환자가 자기 힘으로 인지요법의 과정을 실시할 수 있도록 하는 것이 목표이다.

벡에 따르면, 우울증 인지이론은 다음의 3가지 개념을 가정하고 있다. 스키마(schema), 인지 삼제(cognitive triad), 그리고 인지적 오류(cognitive error) 이다.

스키마란 비교적 장기간 지속하는 일련의 확신 전체를 의미하고, 그로부터 어느 시점에서 왜곡된 인지가 발생한다. 스키마란 어느 개인이 어떠한 일에 그 사람 특유의 의미를 부여하는 일정한 규칙이라고도 할 수 있다. 스키마에 의해서 어째서 우울증에 걸린 사람이 자신의 인생의 긍정적인 요소를 객관적으로 받아들이지 못하고 부정적인 점에만 주의를 기울이는가에 대해 설명된다. 자극에 대해 특정한 주의를 기울이고, 그 주의를 인지가 있는 어느 특정 패턴에 편입하는 일이 일반적으로 일어나고, 정보를 인지로 변환시키는 기초를 수립한다. 증상이 악화되어 가면, 환자의 사고는 부정적인 생각만이 더욱 우세하게 된다(단순한 표현이지만, 스키마란 정신분석이론에서 무의식의 개념에 가깝다고 생각해도 될 것이다).

다음으로 인지 삼제란, ① 자기 자신에 대한 부정적인 관점, ② 자신의 경험에 대한 부정적인 해석, ③ 장래에 대한 절망적인 견해로부터 이루어진다. 즉, 우울증 환자는 자신은 결함투성이고 가치가 없는 존재라고 확신하고 있다. 자신이 해왔던 일은 모두 실패로 가득하고, 현재의 자기 자신에 대해서도 부당하게 낮은 평가밖에 할 수 없다. 그 결과로서 미래에도 반드시 실패한다는 확신을 갖고 있다.

또한 다음과 같은 인지적 오류가 있다. 먼저 중요한 것부터 거론해보자.

- 분극화(分極化, 혹은 양자택일적 사고): 모든 것에 대해 완전히 정반대인 양극단의 해석을 내리는 경향이다. "대성공인가 대실패인가", "백인가 흑인가", "100점인가 0점인가"와 같은 사고법이며, 그 중간이 존재하지 않는다. "백인가 흑인가"의 어느 한쪽이며, '회색'을 인정하지 못한다. 어느 한쪽에 해당되지 않으면, 그 정반대의 결론을 내리고 막연하고 애매한 중간영역에 대한 내성이 낮다.

- 자기 관련성: 어느 상황과 자신과의 사이에 적절한 거리를 둘 수 없어서 모든 것을 자기와 관련지어 버리고 어떤 일과 자신과의 관련성을 과대시하거나 개인적인 의미를 과하게 부여한다.
- 과도한 일반화: 정보의 본질적 의미를 훨씬 넘어선 타당성이 없는 과도한 일반화를 한다.

다음으로 보다 특이한 인지적 오류가 있다.

- 선택적 추출: 상황이 전체로서 의미하는 내용을 잃어버리고 어느 사소한 부분에 과도하게 초점을 맞춰서 특정 부분의 의미를 과대하게 평가한다.
- 자기비하: 자신에게 주어진 칭찬을 그대로 받아들일 수 없고 과하다 싶을 정도로 자신을 비하한다.
- 자의적 추론: 증거가 없거나 상황에 맞지 않는데도 비약해서 특정한 결론을 내린다.
- 파국화: 일어날 수 있는 최악의 결과를 예측해버리는 경향을 가리킨다.

이러한 특징적인 사고형태가 인지 오류의 대표적인 것이라고 할 수 있다.

인지요법에서는 인지, 감정, 행위가 서로 밀접하게 영향을 미친다고 보고 있다. 이들은 보편적인 것이 아니라 변해가는 것이 가능하고, 어느 것을 변화시킴으로써 다른 요소도 함께 변화할 가능성을 지니고 있다. 치료자는 환자의 과거에 고집하는 것이 아니라 "지금, 여기에서"라는 현 시점에서 생겨나는 문제에 초점을 맞추고, 환자와 협력하며 논리적 사고의 내적 모순과 오류를 찾아간다.

인지요법에서는 치료자와 환자 사이에 활발한 교류가 있다. 치료 과정은 목표를 향해 함께 문제를 해결하는 공동 작업이라고도 할 수 있다. 또 치료자와 환자는 환자의 사고를 형성하고 있는 기본적인 태도, 신념, 가정을 함께 찾아가는 협력관계에 있다고 생각할 수 있다.

인지요법의 과정을 크게 나누면 다음과 같은 단계를 거친다.

① 일상생활 중 어떠한 상황에서 문제가 발생했는지를 특정한다.

② 그리고 그 때에 어떠한 감정을 지니고 있었는지를 찾는다.

③ 인지적 오류로 대표되는 자동화된 사고의 유형을 검토한다.

④ 그 중에 인정된 인지적 왜곡을 치료자와 환자가 협력해서 검토해간다.

⑤ 그러고 나서, 지금까지보다 더 폭넓은 다른 해결수단을 찾아보려고 시도한다.

이러한 과정이 인지요법의 원칙이 된다. 그리고 장기인지요법에서는 인지적 오류가 생기는 원천인 스키마를 바꿔가는 시도도 이뤄진다.

자살 위험이 매우 높은 시기에는 먼저 환자의 안전을 확보하는 것이 가장 중요한 과제가 된다. 이때는 오히려 지지적인 심리요법이 필요하고, 환자에 대한 모든 것을 수용하려는 태도를 취하면서 위기에 대응한다. 물론 원인이 되는 정신질환이 있으면 그것에 대한 적극적인 약물요법도 중요하다.

그리고 환경적 요인에서 자살이 일어나지 않도록 배려하는 것도 필요하다. 여러 차례의 자살 위험이 지나가고 경과를 지켜보면서 장기 치료를 진행하고 있는 단계에서는 인지요법과 같은 심리요법이 상당한 효과를 나타낸다. 인지적 왜곡을 날카롭게 지적할 수 있는 사람만 있는 것이 아니며, 선택 가능한 다른 문제해결책을 함께 검토해가는 것과 같은 것은 어떠한 문제를 안고 있는 사람의 경우라도 응용하는 것이 가능할 것이다.

《증례 4》 50세 남성 우울증 환자에 대한 치료 흐름

누구에게나 '성실한 사람'으로 평가받고 있었지만 융통성이 부족한 사람이었다. 일이 쌓여도 주위에 도움을 요청해서 효율적으로 처리하기보다는 휴일에 출근해서라도 혼자 힘으로 어떻게든 일을 끝내려고 했다.

입사 후, 영업 분야의 일을 해 왔지만 실적이 우수했던 것도 아니었고 동료들 사이에서 승진이 빠른 편도 아니었다. 최근 3~4년은 특히 업계가 침체되어서 할당량을 달성할 수 없을 때가 많았다. 요즘의 젊은 사원들은 상사의 지시라도 무조건 따르지는 않는다. 이 남성에게 노골적으로 반항하는 경우도 있었다. 또 이 남성은 부하 중에서 퇴직하는 사람이 몇몇 계속되면서 그것을 관리책임의 문제로 여기는 상사와의 사이에서 꼼짝하지 못하고 있었다. 게다가 회사 전체의 업적부진으로 정리해고가 화제로 떠올랐다. 회사에서의 자신에 대한 평가에 불안함을 느끼고 있던 이 남성은 자신이 가장 먼저 그 대상이 될까봐 전전긍긍하는 나날을 보내고 있었다. 정리해고의 대상이 되지는 않았지만 간접적으로는 확실히 퇴직권유로 생각되는 인사이동이 있었고 그는 자료실로 발령을 받았다.

사내의 다른 부서로부터 문의가 있는 경우에 필요한 자료를 찾아 복사한 후 제출하는 일이었지만, 현재는 대부분의 자료를 컴퓨터로 수집할 수 있기 때문에 자료실에 문의하러 오는 사람은 거의 없었다. 영업 분야에서만 일을 해온 이 사람에게는 도저히 견딜 수 없는 처우였지만, 해고되지 않은 것만으로 다행이라고 생각하며 발령을 거절하는 것을 포기할 수밖에 없었다.

다음에는 지방의 자회사로 발령받는 것에 대한 타진이 있었다. 분명히 좌천이었지만 불평 없이 받아들였다. 게다가 딸은 대학시험에 실패했고, 아내는 시아버지 간호로 인한 피로누적으로 쓰러지는 등 여러 일들이 겹쳐서 자회사로 혼자 부임하게 되었다. 이번에도 본래의 직무와는 전혀 다른 재고관리 담당 업무를 맡게 되었다.

남성은 가정을 지탱하기 위한 경제적인 이유도 있어서 일을 계속하고 있었지만, 이때부터 불면증이 찾아오고 아침에 출근하는 것조차 힘들게 느껴지기 시작했다. 식욕저하, 두통, 어깨결림, 변비, 두근거리는 심장 박동 등 여러 가지 신체적 증상도 자각했다. 품절된 기재의 발주를 잊어버리거나 주문에 대한 출고전표 제출도 잊어버리는 등 실수가 이어졌다. 친목 도모 정도를 위해 마셨던 술도 점차 빈도가 늘어 집에서 혼자라도 마실 정도가 되었다. 또, 자신은 어떠한 직접적인 실수도 하지 않았으나 직장에서 발생한 사고에 대해 관리책임을 묻는 일도 발생했다.

그 결과, 자택에서 목을 매어 자살을 시도했지만, 다행히 미수에 그쳤다. 남성은 가족들이 있는 집으로 돌아왔지만, 불면증, 강한 불안감, 초조함 등의 증상을 보이는 단계까지 이르러서야 아내를 따라 정신과 진료를 받았다.

먼저 이 남성의 경우, 처음에 상담을 하러 온 것은 그의 아내였다. 남편에게 일어난 일을 모두 알고 있던 것은 아니었지만, 아내가 이해하고 있는 범위 내에서 그에 대한 설명을 들었다. 지방에서 혼자 부임하였고 최근에 지내던 아파트에서 자살을 시도했지만 미수에 그쳤다. 회사에서 어떤 사고가 일어나 그 책임을 묻게 된 것 같다. 지금은 가족이 있는 집으로 돌아왔지만, 매우 피곤한 모습으로 하루 종일 멍한 상태로 지내며, 식사도 거의 하지 않고 잠도 푹 자지 못하고 있다. 함께 병원에 가자고 말을 해도 일이 걱정된다며 진료를 거부한다. 그러나 회사에 돌아갈 수 있는 상태가 아니라는 것은 아내가 보기에도 분명하여, 이대로 방치하면 남편의 원래 모습을 되찾지 못할 것 같아 상담을 하러 왔다고 했다.

이 남성뿐만 아니라 특히 중증의 우울증에 걸린 사람이 스스로 진료를 받으러 오는 일은 굉장히 드물다. 식욕이 없다, 일의 효율이 떨어진다, 잠을 잘 수 없다는 등의 증상을 자각하고서 수진하러 오는 사람도 있지만 이러한 경우는 "치료를 받아야 한다"는 판단을 할 수 있으며, 증세도 비교적 가벼운 단계인 경우가 많기 때문에 치료 자체도 그다지 오래 걸리지 않는다.

그러나 수진하러 오는 사람들 대부분은 누군가에게 붙잡혀 억지로 오거나 설득되어 그제 서야 진료를 받으러 올 생각을 하는 사람들이다. 잠을 잘 수 없다, 일의 효율이 극단적으로 떨어진다, 식욕이 없다는 등 몸 상태가 안 좋다고 느끼면서도 그것이 우울증이라고 생각하는 사람은 거의 없다. 치료를 받도록 당사자를 어떻게 납득시킬까, 그것이 우선으로 중요한 과제이다. 자살미수까지 이르러서야 겨우 정신과에 수진하러 오는 사람도 드물지 않다.

결단불능은 우울증의 주요한 증상

이러한 경우에 유효한 것은 본인에게 큰 영향력을 미치는 사람에게서 조언을 받는 것이다. 우울증의 주요 증상으로서, 아주 작은 결단이라도 스스로 할 수 없게 되는 경우가 있다.

상태가 매우 나빠져서 주위 사람들이 봤을 때, 도저히 회사 업무가 불가능하다고 생각하지만, 본인은 "회사를 쉴 수 없다", "일하러 가야한다"고 주장한다. 병원에 가기 싫다고 말하는 것은 정상적인 판단 하에 수진을 거부한다기보다는 자기 스스로 결정을 내리지 못하는 측면이 더 큰 요인으로 작용한 것일 수도 있다. 이러한 경우에는 본인에게 큰 영향력을 미치고 있는 사람에게 "지금은 상태가 좋지 않기 때문에 일단 병원에 가자"고 조언을 받도록 하는 것이 하나의 방법이다. "진료를 받으라"가 아니라 "나도 같이 갈 테니 함께 수진해보자"는 방법이 좋다. 우울증에 걸리는 사람은 근본적으로 성실하기 때문에, 진심으로 자신을 걱정해주는 사람의 말에 좀처럼 "싫다"고 하지는 않는다. 그래서 "일도 중요하지만, 지금은 확실히 병원에 가는 것이 먼저인가?"라고 결단을 내리게 되는 경우도 자주 있다.

이 남성에게도 그러한 인물이 없는지 아내에게 묻자, 학창시절 신뢰하던 선배가 있었다고 했다. 곧바로 지인을 통해 수진하도록 권하자 선배에게 이끌려 겨우 환자가 병원에 왔다.

치료의 개시

이 남성은 병원에 가기로 결정하기는 했지만, 앞으로 어떠한 치료를 받을지 알 수 없었기 때문에 안절부절 하면서 진료실에 들어왔다. 의자에 앉아도 허공을 보고 있었고 시선도 일정하지 않았다.

나는 이런 때, "아주 힘들어 보이는데, 부인께 먼저 이야기를 들어보는 것이 좋을까요? 아니면 본인이 이야기를 하시겠습니까?"라고 먼저 말을 건다.

자살미수 직후에 구급차로 병원에 실려 와서, 신체적 치료가 우선되어야 하는 경우나 상당히 흥분한 상태여서 이야기를 들을 수 없는 경우를 제외하고는 아무리 시간이 걸리더라도 진료를 받으러 온 본인의 입을 통해 현재의 병상에 대해 설명을 하도록 하고 있다. 그 후에 동반해서 온 사람에게 환자 본인은 알지 못했던 부분이나 주위 사람들에 대한 태도 등 주위 사람이 아니면 모르는 인상 등을 덧붙여 주도록 하는 것이 일반적이다.

되도록이면 본인 스스로 이야기하는 것을 바라지만, 강요하는 것은 아니기 때문에 본인의 의향을 확인한다. 아내가 먼저 설명하는 것이 좋은지, 혹은 아내가 동석한 채로 본인이 설명하는 것이 좋은지, 아니면 먼저 본인이 혼자서 설명할 것인지, 여러 가지 방법이 있다는 것을 알려주고 잠시 동안 생각을 정리하도록 한다. 다만, 여기에서 어떻게 해야 할지 모르겠다는 태도를 보이는 경우도 있기 때문에, "천천히 생각하시면 되니까 먼저 본인이 이야기해볼까요?"라고 말을 거는 것이 좋다. 이 남성은 "제가 이야기 하겠습니다"라고 정하고 잠을 잘 수 없던 일이나 생각대로 일이 진행되지 않았던 것 등을 드문드문 말하기 시작했다.

병을 인정하는 것이 치료의 첫걸음

첫 면담만으로 본인이 안고 있는 문제 모두를 죄다 이야기하는 것은 불가능하다. 아직은 서로의 신뢰관계가 형성되지 않았기 때문에 오히려 그렇게 해서는 안 된다고 할 수도 있다. "한꺼번에 모든 것을 이야기할 수는 없을 것입니다. 마음의 준비가 된 것부터 이야기 해주세요. 지금 이야기 하고 싶지 않은 것은 나중에 이야기해도 된다고 생각이 될 때 이야기해주세요."라고 말을 한다.

정신과 의사의 입장에서는 현재의 주요 증상이나 실제로 본인이 곤란하다고 생각하는 것을 파악할 수 있고, 우울증을 진단

할 수 있으면 충분하다. 오히려 첫 진료에서 중요한 것은 수진하러 온 사람에게 현재 자신의 상태와 앞으로 시작될 치료의 목표를 이해하도록 하는 것이다.

가장 중요한 것은 지금 상태가 단순히 마음이 침체되거나 마음이 느슨해진 상태가 아닌, 정신력만으로는 극복할 수 없는 '병'에 걸려 있다는 것을 인식하게 해주는 것이다. 충분히 설명한 후, 치료를 시작하지 않으면 안 되는 상태라는 것을 알리고, 그것과 동시에 치료를 받으면 원래의 생활로 반드시 돌아갈 수 있다는 것을 설명한다.

이 단계에서 수진하러 온 사람에게 서둘러서 모든 것을 이해시키는 것은 어려울 것이다. 실제로는 치료를 진행하면서 그때그때 드는 의문이나 불안에 대응하는 형식으로 반복적으로 병이나 치료법에 대해 설명해 간다. 첫 면담에서는 적어도 치료가 필요한 병이라는 것을 이해시킨다면 그것으로 충분하다. 이 남성이 호소하는 여러 가지 좋지 않은 상태에 대해 귀를 기울였더니, 그는 처음으로 자신의 고통을 이해해주는 사람을 만났다고 이야기하며 안도의 표정을 보였다.

입원이냐 외래냐(가족으로부터 어느 정도의 협력을 얻을 수 있을지 확인하는 것이 중요)

초진 때에 평가해야 하는 것은 진단, 병의 중증도, 자살기도를 반복할 위험성 등을 판단하는 것이다. 특히 이 남성은 이미 자살을 시도했던 적이 있고 그 위험성이 높다고 판단됐다(이 남성은 자살을 시도했기 때문에 자살을 원하고 있는 것은 명백하다. 자살미수를 인정하지 않는 사람이라면, 그렇더라도 반드시 이 점에 대해서 확인해둬야 한다). 그리고 실제로 가족으로부터 어느 정도의 협력을 얻을 수 있는지에 대해서도 배려하면서 입원을 할 것인지 외래통원치료를 받을 것인지를 신중히 검토해 간다.

환자 본인이 치료에 어느 정도 열심히 참여하려는 의사가 있는지도 하나의 척도가 된다. 먼저 "자살을 시도하지 않겠다고 저와 약속해줄 수 있습니까?"라고 질문을 한다. 자살을 생각하는 것까지는 막을 수 없더라도, 그러한 기분이 들면 곧바로 병원에 연락을 하고, 갑자기 행동으로 옮기지는 않겠다는 것을 약속해줄 수 있냐고 물어본다. 이 질문을 통해 환자가 약속했다고 해서 자살이 실제로 일어났을 때 법적으로 면책이 된다는 뜻은 아니다. 오히려 반응을 보고 본인의 치료에 어느 정도까지 협력적인가를 판단하려고 하는 것이다.

잠시 생각을 하고 "가능한 한 그렇게 하도록 해 보겠습니다" 또는 "할 수 있을지 확실하지는 않지만 노력하겠습니다"라고 대답하는 사람은 치료를 받을 의사가 있다고 생각해도 좋다. 반면, 즉시 "그런 일은 약속할 수 없습니다"라고 대답하거나 말도 없이 아무런 반응을 보이지 않는 사람의 경우에는 다른 위험인자도 고려하면서 자살 위험이 높다고 판단한다.

이 남성에게도 위와 같이 말을 걸었지만 곤란한 듯 침묵했다. 미묘한 반응이다. 자살하고 싶다는 유혹으로부터 완전히 거리

를 둘 수 없었고 앞으로의 치료에 대해 기대와 불안이 섞여 있
는 것이다.

입원을 할지 외래통원치료를 할지 결정하기 위해서는 가족
의 협력을 얻을 수 있는지도 또 하나의 열쇠가 된다. 이 남성의
경우에는 아내가 상담에 동행했을 당시, 남편의 자살미수를 동
정하면서도 비교적 냉정하게 문제에 대처하려고 하는 태도가
엿보였다. 그러나 최근에 아내도 과로로 인해 쓰러진 이력이 있
었다. 또, 딸은 대학입시에 실패해서 재수 중인 상태였다.

자살미수가 일어난 직후의 사람에게는 많은 신경을 써줘야
한다. 간호가 필요한 시아버지를 돌보면서 우울증에 걸린 남편
까지 돌봐야 한다는 것은 아내에게 상당한 부담으로 느껴질 것
으로 예상되었다. 그래서 이 남성의 경우는 입원이 결정되었다
(미수로 끝나고 목숨을 건졌을 경우라도, 본인에게도 가족에게
도 입원을 피하고 싶다는 의지가 강하거나, 환자를 돌봐줄 가족
이 충분한 경우, 또 환자에게 발생할 수 있는 여러 상황에 대한
설명을 들은 후에도 환자를 철저히 돌보겠다고 동의한 경우에
는 어느 정도의 시험기간을 두고 외래통원치료부터 시작하는
경우도 있다).

환자의 안전을 확보하고

이 남성에게 입원을 하는 것에 대한 설명을 하면서, 일상의
잡다한 일로부터 어느 정도 거리를 두고 자신의 안전이 지켜지
는 환경에서 충분한 휴식을 취하는 것이 지금은 필요하다는 것

을 말하였다. 이것은 폭풍우가 몰아칠 때 배가 항구로 피난을 가는 것과 비슷하다고 비유할 수 있을 것이다.

자각증상으로서 불면증이 상당히 심했기 때문에, 우선 수면제로 충분한 수면을 확보할 수 있도록 했다. 그것과 동시에 항우울제를 투여하기 시작했다.

약물요법을 시작함에 따라 원칙적으로는 약으로 인해 얻을 수 있는 효과, 나타날 수 있는 부작용, 부작용이 나타난 경우의 대처법 등을 설명한다. 다만, 이 남성의 경우에는 입원한 상태였기 때문에, 전문 관계자가 부작용에 대해 지켜볼 수 있어서 과감히 약을 사용할 수 있다는 이점도 있었다. 항 우울제는 효과가 나타날 때까지 시간이 조금 걸린다는 것도 설명해 두었다. 수면제와 항 우울제 투여를 개시하고 3주 정도 후에 증상은 상당히 개선되었다.

직장과의 대응

입원 직후에는 "이대로 있으면 회사에서 잘릴 것이다", "장기간 쉬면 회사업무에 피해가 간다"는 등 일에 대해 걱정하는 말이 자주 나왔다. 스스로 사표를 제출하는 것까지 고려하고 있는 것 같았다. 우울증에 걸린 사람은 이러한 걱정을 자주 하는데, 이 남성의 경우는 사정이 복잡했다. 정리해고 대상으로 자회사로 파견된 상황이었기 때문에, 입원 같은 것을 하고 있다면 해고될 수 있다는 현실적인 불안이 있게 된다. 회사에 취직하면 정년퇴직 하는 날까지 근무하는 것이 최선이라고 믿는 중년 남성에게 해고란 자신의 존재의미가 근본부터 흔들리는 불안이기도 했다.

이 남성은 근속 년수 28년차의 사원이다. 어느 정도의 기간은 치료를 위해 휴직을 신청할 수 있는 권리가 회사원에게 당연히 있을 것이다. 그러나 아내도 동석한 가운데, 지금부터 당분간은 치료에 전념하고, 사직 결정은 병이 완치된 다음에 해도 늦지 않다는 것을 본인에게 납득시키는 것이 의외로 어려웠다.

우울증에 걸리기 쉬운 성격에, 백인지 흑인지 결정을 짓지 않으면 마음이 편치 않은 경우가 있는데, 발병하면 더욱 두드러지는 경우도 있고, 때로는 병 때문에 가족에게 피해를 끼치기 때문에 이혼하겠다고 하는 것도 화제에 오른다. 우울증에 걸린 사람이 중대한 결정을 내리려고 하는 것은 놀랍지 않은 일이다. 이러한 태도에 대해서는 조급해하지 말고 조금 더 멀리 보면서, 중대한 결정은 우울증이 회복되고 나서 하자고 설득할 필요가 있다. 건강할 때와 비교해서 사고력도 판단력도 많이 떨어진 상태여서 그것이 본래의 판단이라고 말하기는 어렵기 때문에 조급하게 결론을 내리면 후회할 가능성이 매우 높다.

담당의사의 노력으로 회사 측도 현시점에서는 치료에 전념하라는 뜻을 이 환자에게 전하게 되면서, 일단 환자의 불안감은 조금 줄어든 것 같았다.

의사에게는 묵비 의무가 있기 때문에, 환자의 이익을 최우선으로 생각하고 회사 측의 문의에 대해 거부하지 않으면 안 되는 경우도 있다. 다만, 이 환자의 경우는 직장이라는 것이 환자의 증세와 매우 밀접한 관계에 있는 문제이고, 의사가 자의로 판단하고 거부하는 태도를 취해서 적대적으로 되는 것보다는, 본인에게 이 사실을 알리고 의향을 확인한 다음에 회사에 협력을 구하는 것이 환자의 이익을 위한 것으로도 된다. 나는 "어디까지 설명할까요? 어떤 부분을 숨기면 되겠습니까?" 혹은 "제가 동석하되 스스로 상황을 설명하시겠습니까?"라고 솔직하게 본인의 의향을 묻고 있다.

심리요법

약의 효과가 나타나기 시작하고 어느 정도 주위를 냉정하게 바라볼 수 있게 되면, 환자 측으로부터 여러 가지 이야기를 들을 수 있다. 나는 언제나 이야기를 받아들일 준비가 되어 있다는 태도로 환자를 접했다. 다만, 갑자기 둑이 터진 것처럼 모든 것을 이야기하려고 하면, "시간은 충분하니까 서두를 필요 없습니다" 또는 "지금 말해도 된다고 생각하는 것만 이야기 하세요"와 같이 조언했다.

너무 많은 것을 말해서 후회하는 사람도 있다. 의사 측은 냉정히 받아들이지만, 오히려 이야기한 본인이 "이런 이야기까지는 할 필요가 없었는데"라며 후회하는 경우도 있다. "당신이 저에게 이야기한 것을 아무에게도 말하지 않겠습니다. 저는 언제나 들을 준비가 되어 있으니까 무리하지 말고 마음의 준비가 된 것만 이야기해 주세요. 누구에게나 이야기하고 싶지 않은 것은 있으니까요. 그것은 마음속에 숨겨 두셔도 괜찮습니다. 그리고 이후에 말하고 싶어지면, 그 때 이야기해 주시면 됩니다." 라고 전한다.

이 남성 환자는 회사에서 일어났던 일들을 말하기 시작했다. 물론 시간의 흐름에 따라 정리된 형식으로는 이야기가 이어지지는 않았다. 이쪽저쪽으로 튀고 시간도 상황도 복잡하게 뒤엉키면서, 그럼에도 본인은 열심히 자신의 이야기를 했다.

"회사에서는 승진도 늦고 성과도 그다지 눈에 띄는 편이 아닙니다. 그러나 저는 그 회사의 사원이라는 것이 큰 자랑거리입니다." "상사와 부하 사이에 끼어있는 것이 힘듭니다." "요즘의 젊은 부하들은 회사에 충성을 다하려고 하지 않아요." "상사를 따르려고도 하지 않습니다." "중도에 그만 두는 젊은 사원들이 많다는 것이 이해하기 어렵습니다." "제가 정리해고 대상이 된 것 같아요." "가족이 있기 때문에 지금 당장 직장을 잃는 것은 곤란합니다." "어떤 상황에서도 저는 회사를 위해 아무 말 없이 열심히 일해 왔습니다. 그런데 왜 회사는 그것에 보답해주지 않는 걸까요?" 그러고 나니 본인이 처한 상황이 조금씩 분명해졌다.

여러 가지 문제가 일어났을 때, 본인은 그것을 어떻게 받아들였고 어떻게 느꼈고 어떻게 대처했는지를 하나하나씩 밝히고 있었다. 그 중에서 환자만의 독자적인 반응 유형이 분명해졌다. 나는 그 유형을 파악한 다음에 이번에는 서서히 그것에 대해 스스로 알아차릴 수 있도록 하였다.

심리요법의 과정이란 단점이나 약점을 지적해서 환자를 질책하거나 성격의 잘잘못을 따져서 이쪽이 바람직하다고 생각하는 성격을 미리 준비해놓고, 그것에 맞게 개선하라고 하는 장이 아니다. 우선, 본인 스스로가 문제를 안고 있을 때의 해결 유형을 찾고, 그 뒤에 다른 해결법은 생각할 수 없는지, 달리 살아갈 것을 보다 원활하게 할 수 있도록 적응력이 높은 선택지는 없는지 환자와 치료자가 협력하면서 찾아가는 것이다. 질타하는 듯한 격려나 고무시키는 것은 심리요법과 전혀 다른 것이다. 단순한 조언의 장도 아니다. 어디까지나 환자 스스로 알아차리는 것에 역점을 둔다.

심리요법은 한정된 입원 기간 내에 완료하여 이제 이것으로 괜찮다고 하는 것도 아니다. 퇴원 후, 실제 생활을 해보면서 발생하는 문제를 어떻게 대처해갈 지에 대해 외래진료로 계속해서 이어나갈 필요가 있다.

장래에 향한 결단

증상은 개선되어 가고 슬슬 입원치료에서 외래통원치료로 전환할 시기가 되었다. 퇴원 후에 어떻게 복직할 지에 대해서도 검토해야 했다. 지금 맡은 일은 자신이 지금까지 해왔던 영업과는 전혀 달랐기 때문에 본인에게는 불만이 있었다. 그러나 회사 방침에 의한 것이라 거절한다면, 해고될 우려가 있었기 때문에 참을 수밖에 없었다. 남성은 장기간의 휴직 후에 익숙하지 않은 직장으로 다시 돌아가 가족과 떨어진 채로 지낼 수 있을까에 대한 강한 불안감을 느끼고 있었다.

나는 환자의 직장에 처음에는 통상적인 일의 절반 정도의 양부터 시작해서 서서히 늘리도록 해줄 것, 주변에서 너무 신경을 써서 특별 취급을 받는 것은 오히려 본인에게도 부담이 된다는 것, 타인의 일을 떠맡는 경향이 있는 환자에게 주위 사람들도 나름대로 신경을 써줄 것 등을 요청했다. 그 이외에도 무엇이든 신경 쓰이는 일이 생기면 연락해 달라고도 전해 두었다.

본인은 근무처의 주역이라는 것에 집착하고 있었다. 어떠한 직위라도 자회사라도 자신은 그 커다란 한 축을 담당하고 있다는 것이 발병 전까지의 본인이 믿는 기반이었다. 그런데 치료를 진행해 가면서 조금씩 그 확신에 의문을 품기 시작했다.

이전에 비해 확실히 줄어든 급여, 가족과 떨어져 사는 외로움과 불안, 익숙하지 않은 일, 어째서인지 친해질 수 없는 직장 동료들, 그 사실을 모두 알면서도 회사에 매달려 있지 않으면 왜 안 되는지, 그 간판이 그 정도로 가치가 있는 것인지에 대해 본인은 진심으로 고민했다. 이전에는 생각지도 못했던 고민이었다. 확실히 고민은 하고 있었지만, 그것에 억눌려 있다기보다는 스스로 첫발을 확실하게 내디디려 하는 의연한 분위기를 풍기고 있었다. 그러나 그 판단은 퇴원하고 외래 진료를 받으러 다니게 된 후에도 보류된 상태 그대로였다. 말하자면, 자택 요양 중의 숙제라고도 할 수 있겠다.

결국 퇴원한 후, 얼마동안은 자택 요양을 했지만 직장에 복귀할 때쯤, 이전에 단신 부임을 했던 곳이 아니라 집에서 가깝고 익숙한 다른 직장에 배치전환이 가능하게 되었다. 직위는 내려가게 되었지만, 본인도 승낙한 일이었다. 어떻게든 가족이 함께 생활할 수 있다면 괜찮다고 결론을 짓고 내린 판단이었다. 직장 내에는 자신보다 훨씬 젊은 사람도 있었기 때문에, 잘 지낼 수 있을지에 대한 불안감이 여전히 남아 있었지만, 지금은 무엇보다 가족과 함께 생활하며, 다시 한 번 자신에게 맞는 인생을 시작하고 싶다고 담담하게 속마음을 이야기했다.

치료가 성공했다고 느낄 때

직위는 내려갔지만 익숙한 일로 다시 돌아가는 것은, 장기간 회사를 쉬어서 미안하다거나 병에 걸려 회사에 해를 끼치고 있어 한심스럽다고 생각하던 때와는 분명히 다른 결단이었다. 무엇이 최선인지는 그 후의 경과를 지켜봐야 알겠지만, 무리하지 않는 자세는 높이 평가할 수 있을 것이다. 새로운 직장으로 옮겼다고 해서 더 이상 우울증에 걸리지 않느냐고 묻는다면 그것은 다른 문제라고 답하고 싶다. 그 뒤에 어떤 문제가 기다리고 있을지는 아무도 모른다. 그러나 치료를 받기 전보다도 문제 해결능력의 폭은 확실히 넓어졌다.

예를 들면, 일밖에 모르던 삶을 살아온 끝에 스트레스로 인한 위궤양 때문에 피를 토하면서 쓰러져 병원에 실려 온 사람이, 입원 후 치료를 받아 안정되면 "그렇게 일만을 쫓아 살아 온 나의 인생은 도대체 무엇이었는가? 과연 이대로 괜찮은 것인가?"라고 병 때문에 이제까지의 인생을 다시 돌아볼 수 있어서 좋은 기회가 되었다고 말하는 경우도 있었다. 우울증에 걸린 사람 중에도 병에 걸렸다는 사실을 부정적으로만 받아들이는 것이 아니라 긍정적으로 받아들이는 사람도 있다.

증상이 개선되기만 하면 되고, 그 이상은 약도 먹고 싶지 않고 빨리 직장에 복귀하고 싶다고 하면서 발병 전의 연장선상에서만 생각을 하는 사람도 많다. 그러나 한편으로는 "병에 걸리는 것은 괴롭다. 더 이상 병에 걸리고 싶지 않다. 그러나 병에 걸리지 않았다면 지금까지의 인생을 되돌아보지 못했을 것이다. 자살로 목숨을 끊었을지도 모른다. 살아서 다행이다. 이런 간단한 것을 병에 걸리고서야 알았다." 또는 "이런 삶을 이어가는 것은 무리라고 인생으로부터 옐로카드를 받은 것 같다. 앞으로는 나에게 맞는 삶을 살아가자."라고 말하는 사람도 있다. 이렇게 말하는 사람들을 만나면, 인간이라는 존재의 복잡함을 마음속 깊이 실감하게 된다.

제4장

자살예방에 대처

자살예방

자살은 일본뿐만 아니라 세계적으로도 심각한 문제가 되고 있다. 세계에는 국가 차원에서 자살예방 대책을 세우고 있는 나라, 국가의 도움을 기다리지 않고 일반 대중 차원에서 자살예방을 실시하고 있는 나라, 자살예방에는 특별히 초점을 맞추지 않고 정신보건의 질을 높이는 것이 자살예방으로 이어진다고 생각하는 나라, 그리고 정신보건 서비스도 자살예방 대책도 전혀 없는 나라 등 여러 나라가 있다. 본 장에서는 자살예방이 세계적으로 어떻게 파악되고 있는지에 대해서 다루도록 하겠다.

1. UN의 자살예방 가이드라인

가이드라인 작성의 배경

1991년 UN 총회에서 심각한 자살 실태를 인식하고 국가 차원의 자살예방에 착수하기 위한 구체적인 행동을 개시하자는 제언이 있었다. 그 제언을 바탕으로 1993년 5월에 캐나다 캘거리에서 UN과 WHO 주최로 전문가 회의가 개최되어, 국가 차원의 자살예방 가이드라인 작성에 관한 논의가 이뤄졌다. 14개국에서 약 20명의 전문가가 초빙되어 일주일에 걸쳐 각국의 자살 현상을 발표했다. 나도 그 회의에 초대받은 한 명이었다. 그리고 그 회의의 의논을 바탕으로 자살예방을 위한 가이드라인을 정리하였고, 1996년에 최종적으로 승인을 받아 UN 및 WHO를 통해서 각국에 배부되었다(United

Nations: Prevention of suicide; Guidelines for the formulation and implementation of national strategies. New York: United Nations, 1996). 이하 이것을 『UN 자살예방 가이드라인』이라고 한다.

자살과 그 영향

전 세계에서 연간 약 100만 명이 자살로 목숨을 잃고 있다(자살에 대한 편견으로 모든 자살이 정확히 통계에 측정되고 있지 않다는 것을 가정하면, 전 세계적으로 연간 자살자의 총수는 120만 명이라는 추정도 있다). 자살은 모든 사망 원인 중 2.5%를 차지하고 있다. 대부분의 나라에서 자살은 10위 이내의 사망원인이고, 특히 청년층에서는 3위 이내에 들어가 있는 심각한 상황이다. 미수자는 기수자의 최소 10배(20배라고 추정되기도 한다)이고, 이후에도 같은 행동을 반복적으로 시도함으로써 결국 자살로 사망할 확률이 매우 높다. 자살이 초래하는 경제적 손실도 막대하다. 또 자살은 죽은 사람만의 문제가 아니라 남겨진 사람들에게도 중대한 심리적 영향을 미친다.

각국의 실상

캘거리 회의에서는 자살에 관한 각국의 실상이 아주 다양하다는 것이 밝혀졌다. 일반적으로 사회·경제적으로 안정되고 나서야 자살에 관심을 기울이게 되는 경향이 있다. 그러나 국가 차원에서 자살예방 대책에 관한 방침을 정하고 있는 나라는 선진국 중에서도 손에 꼽을 정도이다. 개발도상국에서는 거의 관심을 기울이지 않는다고 해도 과언이 아니다.

회의에 참석한 나라가 세계의 모든 국가는 아니었지만, 참가한 14개국마저 자살의 실태와 예방 대책은 크게 달랐다. 전염병이나 기아 대책에 쫓기는 아프리카, 아시아, 중남미의 많은 나라에서는 자살예방에 충분한 관심을 기울일 여유조차 없었다.

자살예방을 적극적으로 실시하고 있는 나라는 유럽과 미국이 대표적이었는데, 그들도 국가 차원의 예방 대책에 관해서는 각국마다 사정이 크게 다르다. 예를 들어, 핀란드는 세계적으로도 자살률이 높은 나라 중 하나였지만 그 현상을 직시하고 이미 국가 프로젝트를 추진해 왔다.

대조적으로 미국은 정부에 의한 대책이 실시되기만을 기다리는 것이 아니라 과거 반세기에 걸쳐 민간 차원의 자살예방 활동이 널리 실시되어 왔다. 전국적으로 자살률은 거의 일정(인구10만 명 당 10명 전후)하지만, 특히 청년층의 자살률이 1960년대부터 1980년대에 걸쳐 3배나 증가했다. 물론 국립보건연구소(NIMH)나 질병대책센터(CDC)등 국가 기관이 중심이 되어 자살에 관한 실태조사, 예방을 위한 연구를 실시해 왔지만, 국가 차원의 자살예방 방침이 발표된 것은 최근의 일이다.

핀란드와 대조적인 대응이 이뤄진 곳이 네덜란드였다. 먼저 자살예방에 초점을 맞춘 대책을 취해야 할지를 검토하는 위원회가 설치되었다. 1986년 조사위원회 보고에 따르면, 자살예방에만 초점을 맞춘 대책은 효과적이지 않고 오히려 정신보건서비스 전체의 향상을 도모해야 한다는 결론에 이르렀다.

이하, 그 외의 나라들에 대해서도 간단히 언급하겠다.

캐나다: 캘거리가 있는 앨버타주는 다른 주보다도 자살률이 높기 때문에 청년을 대상으로 하는 자살예방 대책을 다른 주보다 훨씬 일찍 시작하고 있었다. 캘거리대학이 WHO의 연구협력센터였기 때문에 이 회의도 캘거리에서 열리게 된 것이다.

에스토니아: 사회변동이 자살률에 직접적인 영향을 주었다. 특히 구 소비에트 연방에서 독립 후, 에스토니아를 비롯한 발트 삼국에서는 당시 미래에 대한 희망과 함께 동시에 자살률이 떨어졌는데, 그 후 희망이 환멸로 바뀌면서 자살률도 급증했다. 현재 세계적으로도 자살률이 높은 국가 중 하나이다. 스웨덴과 협력해서 예방대책을 강구하고 있다.

헝가리: 일관적으로 높은 자살률을 나타내고 있다. 특히 고령자 자살의 문제가 심각하다. 사회적인 지원체제나 원조가 부족하다.

호주: 청년이나 선주민의 자살 증가가 가장 중요한 과제로 되어 있다. 청년 자살률은 전 세계에서도 상위를 차지하고 있다. 호주에서는 우선 청소년을 대상으로 하는 자살예방대책을 실시하고 그 후에 전 연령대를 대상으로 하는 자살예방대책으로 발전해 갔다.

중국: 생명의 위기를 가져오는 농약을 쉽게 구할 수 있기 때문에 농촌부의 자살률이 높다. 경제적인 문제 때문에 이러한 농약이 규제되지 않은 채 지금도 사용되고 있다. 다른 나라들과 대조적으로 여성이 남성보다 자살률이 높다는 특징이 있다(다만, 중국에서는 현재도 자살에 관한 정확한 전국 통계치를 입수할 수가 없기 때문에 전

인구의 약 10%에 해당하는 지역조사를 통해서만 전국의 자살률을 추계하고 있는 것이 현실이다. 따라서 전국통계를 집계할 수 있게 될 경우, 자살자의 남녀비가 지금과 동일할 지는 확실하지 않다).

일본: 중·장년층이나 고령자 자살이 문제화되고 있다. 향후 더욱 고령화가 진행되면, 자살문제가 계속해서 심각해질 가능성이 높다. 자살에 대한 일반인들의 사고방식도 자살예방 활동을 진행하는 데 방해가 되고 있다.

인도: 지금도 자살은 범죄로 여겨진다. 18~30세 청년층에서 자살률이 최고이다.

나이지리아: 단순한 전염병이나 기아로 인해 많은 사람들이 사망하고 있는 아프리카 여러 나라에서는 자살에 대해 거의 관심을 기울이지 않고 있는 것이 현실이다.

아랍에미리트: 일반적으로 이슬람권에서는 다른 문화권에 비교해 자살률이 낮다. 이슬람교 국가에서는 자살(뒤르켐이 말하는 이기적 자살)은 가족의 망신이라고 여겨지기 때문에 체계적인 조사는 실시되지 않았다.

각국의 현상이 발표된 후, 참가자들이 밤낮으로 의논하여 가이드라인의 초고를 정리했다. 그 후에도 원안을 여러 번 재검토해서 최종적으로 1996년, UN에서 승인, 발표되었다. 이 가이드라인은 지역이나 개개의 조직을 위한 자살예방대책이 아니라 어디까지나 국가 차원의 자살예방대책을 세우기 위한 것이다. 또 이것은 시안으로서, 어느 부분이 자기 나라에 유효할지, 어느 부분을 수정해야 할지 혹은 실시가 어려운지를 검토한 후에 현재 입수 가능한 자원을 활용해서 국가 차원의 자살예방대책을 세워야 한다는 것을 서두에서 강조하고 있다.

다음으로 구체적으로 가이드라인이 제시하는 내용을 간단히 설명하겠다.

UN자살예방 가이드라인의 개요

많은 자살은 예방이 가능하지만, 적절한 대책을 취하지 않고 있는 사이에 자살이 일어나고 있는 것이 실상이다. 자살예방을 위해서는 사회에 대한 작용과 개인에 대한 작용의 양 측면에서 대책이 필요하다. 예를 들어, 죽음에 이를 수 있는 위험도가 아주 높은 수단을 입수하기 어렵게 법적인 규제를 가하거나 생명을 존중하는 사회적 규범을 강화하는 것과 함께, 갑작스럽게 자살을 일으킬 가능성이 있는 정신질환을 조기에 발견하고 적절한 치료를 받을 수 있도록 사회적인 네트워크를 만드는 것이 중요하다.

또 자살로 이어질 가능성이 있는 정신질환의 조기 진단과 적절한 치료라는 메디컬 모델(고위험 전략)과 문제를 직시하고 적절한 해결을 도모하도록 지역 주민을 교육하는 커뮤니티 모델의 두 가지를 밀접히 연관시킴으로서 자살예방 대책의 효과가 올라간다는 것을 잊지 말아야 한다.

더구나 자살은 여러 가지 원인에서 발생하는 복잡한 현상이기 때문에, 생물·심리·사회적으로 종합적인 접근이 필요하다. 현시점에서 자살예방에 관해 포괄적인 국가 방침이 있는 나라는 거의 없다. 이하에 구체적으로 거론한 점에 기초해서 자살예방 대책을 세울 것을 제언하고 있다.

① 각국의 실상에 맞춰서 독자적인 예방 대책을 세운다

모든 나라에 일률적으로 적용할 수 있는 황금률 같은 예방 대책 따위는 존재하지 않는다. 어디까지나 각국의 사회·문화적인 실상 이나 경제 상황에 맞춰서 "지금, 여기에서" 실현 가능한 대책부터 시작한다. 이 가이드라인은 방향성을 제시하는 지침이고 이것을 바탕으로 각국이 독자적인 방침을 세울 필요가 있다.

② 자살에 관한 연구, 훈련, 치료를 위한 조직을 만든다

자살예방을 위해서는 우선 실태를 파악하고 무엇이 가장 심각한 문제인지를 파악해야 한다. 그리고 그에 따라 예방이나 치료를 계획 하고 실시한다. 국가 차원의 자살 실태를 조사하기 위한 연구, 자살 예방을 위한 훈련, 보다 좋은 치료법의 개발에 관해 지도할 수 있는 기관을 설립하고 자살예방 대책이 바람직한 방향으로 가고 있는지 를 평가한다.

③ 종합적인 대처

자살이 여러 가지 원인에 따른 복잡한 현상이라는 것에 입각해서, 생물·심리·사회적 관점에서 포괄적인 대처를 해야만 한다. 단일 조직의 대처만으로는 충분하지 않고 여러 분야의 사람들이나 조직 이 효율적으로 협력할 필요가 있다.

④ 무엇이 문제인가

대책을 세우기 위해서는 각국에서 자살의 어떤 측면이 문제이고 어느 정도 심각한지에 대한 실태를 파악해야 하고, 자국 내의 주요 문제가 무엇인지를 정확히 인식해야 한다. 예를 들어, 특정한 정신 질환(우울증, 정신 분열증, 알코올 의존증, 약물남용, 인격 장애), 가족 붕괴, 사회적 가치의 붕괴, 경제적 문제, 마이너리티 문제, 특정 연대(청년, 중년, 고령자), 위험한 수단(총, 독물, 농약)을 쉽게 구할 수 있는 것, 특정 지역(도시, 농촌부)등 여러 가지 문제가 자살과 밀접히 관련되어 있는데, 그 중의 어느 것이 자국에서 가장 심각한 문제인가를 정확히 파악해야 한다.

⑤ 자살에 관한 정확한 데이터를 수집하는 시스템을 구축한다

자살의 실태를 파악하기 위해서는 데이터를 정확히 수집할 수 있는 시스템이 정비되어야 한다. 자살에 관한 전국통계 조차 구하기 어려운 나라가 지금도 상당수이다. 전국실태를 조사하기 위해서라도 공통의 조사법이 필요하고, 데이터를 수집하는 담당자가 적절한 훈련을 받을 수 있는 시스템도 필요하다.

⑥ 고위험자에 대한 대책을 철저히 한다

자살 위험이 높은 사람들을 조기에 발견하고 적절한 치료를 받을 수 있도록 체제를 정비한다. 예를 들어, 중증 우울증에 걸린 사람이나 자살을 시도한 사람이 적절한 치료를 계속해서 받을 수 있는 시스템을 확립한다. 현재로는 자살예방을 위한 효과적인 방법이 있는

데, 그것을 활용할 수 없는 것이 문제가 되고 있다.

⑦ 고위험자를 장기적으로 팔로우업하는 시스템을 만든다

자살의 위험은 한 번만 찾아오고 끝나는 경우가 드물다. 위험한 사태는 반복해서 일어날 가능성이 높다. 그래서 자살 위험이 높다고 생각되는 사람들이 장기간에 걸쳐 적절한 치료를 지속적으로 받을 수 있는 시스템을 만든다.

⑧ 문제해결 능력을 높인다

자살 위험이 높은 사람은 약물요법이나 단기적인 위험개입만으로는 충분하지 않다. 문제를 안고 있을 때 자살 행동이라는 적응도가 낮은 해결책을 내는 것이 아니라 문제해결 능력을 높이는 심리요법적인 접근의 중요성도 강조되고 있다.

⑨ 종합적으로 지원한다

자살 위험이 높은 사람이 사회적으로 고립되어 있는 상황에서 벗어날 수 있도록 지원하여 주위 사람들과의 유대감을 회복한다. 또 자살 위험이 높은 사람이 공통적으로 가지고 있는 사회적인 문제가 존재하고 있다면 그 해결책을 찾는다.

⑩ 환자가 있는 가족을 지원한다

정신질환이나 자살에 대한 편견은 세계적으로 아직도 깊이 남아 있다. 가족 중 환자가 있는 경우, 그 고민을 아무에게도 털어놓지 못한 채 살아가고 있는 경우도 많다. 이러한 가족들이 서로 협력해갈 자조그룹이 구미에는 존재한다. 비슷한 고민을 안고 실제로 스스로 해결책을 찾아온 가족의 조언은 다른 사람들에게도 큰 힘이 된다.

⑪ 생명지킴이를 위한 훈련 프로그램을 만든다

교사, 기업의 인사담당자, 일반 의료관계자 등 자살의 위험이 높은 사람을 처음으로 발견할 가능성이 높은 사람(생명지킴이)들에게 자살예방에 대한 적절한 지식을 보급한다. 예를 들면, 자살의 실태, 자살의 위험인자나 직전의 신호, 대응 방법, 치료 도입 등에 대한 올바른 지식을 얻을 수 있도록 한다.

⑫ 정신질환이나 자살예방에 관한 정확한 지식을 보급시킨다

정신 질환은 치료할 수 없다거나 자살은 예방할 수 없다는 등의 잘못된 사고방식이 21세기인 지금도 뿌리 깊게 박혀있다. 그래서 정신질환이나 자살예방에 관한 정확한 지식을 보급해야 한다. 1년의 어느 특정 시기를 '우울증 인식주간'으로 지정하여, 대중 매체를 통해 적극적으로 캠페인을 전개하고 있는 나라도 있다. 인터넷을 통해 올바른 지식을 보급하는 것도 향후 과제로 된다. 일반인들을 향해 자살은 예방 가능한 것이라는 메시지를 확산시킨다. 즉, 일반 사람들이 문제를 발견했을 때 어디에서 정확한 지식을 얻을 수 있는지에 대해 이용 가능한 기관(의료기관, 각종 전화상담, 강연회)등에 대한 정보를 널리 퍼뜨린다. 곤란할 때에는 도움을 요청해도 되는 것이고 그것이야 말로 올바른 해결수단이라는 것을 일반인들에게

교육함과 동시에 어디에 도움을 요청할 수 있는지에 대한 정보를 전달한다.

⑬ 전문가에 대한 교육

자살은 정신질환과 밀접하게 관련되어 있는데, 의학부 교육에서 자살예방에 초점을 맞춘 교육을 실시하고 있는 나라는 많지 않다. 그래서 향후 어떠한 임상과에 가더라도, 의대생을 대상으로 하여 1차 의료의 일환으로 정신질환이나 자살예방에 대한 최소한의 지식을 교육한다. 그리고 정신분야를 전공한 의료 관계자에 대해서는 연수 커리큘럼에 이 문제를 포함시킴과 동시에 생애교육에서도 최신 지식에 관한 교육을 계속 실시한다. WHO는 일반인용, '준전문가(적절한 표현이 없지만, 기업의 인사담당자처럼 일반인과 전문가 사이에 위치하는 사람)'용, 전문가용의 3단계로 나누어 자살예방을 위한 지식을 정리한 책자를 준비하고 있다.

⑭ 1차 의료의 의사를 대상으로 하는 생애교육

마음의 문제를 가지고 있어도 바로 정신과 수진으로 이어지지 않고, 오히려 그런 사람들의 대다수는 정신과 이외의 1차 의료 의사(주치의)에게 수진하고 있다는 사실은 세계 공통의 인식이기도 하다. 그러나 아쉽게도 일반의사는 자살예방이나 정신과 질환의 치료에 대한 지식이나 경험이 부족하다. 그래서 생애교육의 일환으로서 진단, 약물요법이나 심리요법을 포함한 최신 치료법에 대해 교육한다. 경증의 우울증이라면 1차 의료에서 치료를 실시해가는 것이 환자를 위해서도 저항감이 적을지 모른다. 실제로 구미에서는 상당수의 경우 1차 의료의 의사가 정신질환을 앓고 있는 환자를 치료하고 있다. 또 자살 위험이 높아진 경우, 어느 단계에서 정신과 진료로 연결할 것인가에 대한 판단기준을 교육하는 것도 생애교육에 포함시킨다. 그리고 의사에 대한 생애교육만으로 그치지 않고 간호학생, 사회복지사 양성과정의 학생 등에게도 정신건강에 관한 지식을 교육한다.

⑮ 1차 의료 의사와 정신과의 연계

종합병원 등에서는 상담정신의학(consultation-liaison psychiatry)이라고 해서, 신체질환 환자가 정신적인 문제를 가졌을 때, 정신과 의사가 적극적으로 진단이나 치료에 관여하는 시스템이 점점 증가하고 있다. 이러한 신체의학과 정신의학의 연계가 지역 내 의료현장에서도 실시될 수 있도록 하는 것이 바람직하다. 예를 들면, 지역에서 활동하고 있는 내과 의사가 자신의 환자가 우울증에 걸린 것이 아닐까 하고 생각했을 때, 같은 지역의 정신과 의사에게 바로 조언을 구하거나 환자를 소개해 줄 수 있는 환경을 만든다. 또 그 반대로 정신과 의사가 치료하고 있는 환자에게 신체적인 문제가 생겼을 경우에는 역시 지역의 1차 의료 의사에게 상담을 받을 수 있는 체제를 만든다. 이러한 교류가 이미 형성되어 있는 지역도 일부에는 있지만 양자 사이에는 거의 교류가 없는 지역도 많다. 개인 차원에서 관계를 만드는 것은 아무래도 한계가 있기 때문에 지역 시스템으로서 이러한 관계를 만들어간다.

⑯ 생명의 가치를 재고한다

가치가 다양화된 현대사회에서는 생사에 관한 자기결정권이 강하게 주장되어 왔다. 한편 생명의 존엄성을 강조하는 것에 대해서는 그다지 중점을 두고 있지 않다는 지적도 있다. 물론 교육과 같이 일종의 강제적인 형태로 생명의 가치를 강조하는 방침에 대해서는 저항감이 있을 수도 있다. 그러나 "나이를 먹고 일할 수 없게 되면 살아 있을 가치가 없다", "가족에게 부담이 되기보다는 스스로 목숨을 끊어야 한다"라는 사고방식이 자살 증가의 배경이라는 것은 사실이기 때문에 그러한 사회적인 풍조를 고쳐간다.

⑰ 자살예방 교육

구미의 일부 국가에서는 청소년을 대상으로 하는 자살예방 교육도 시작하고 있다. 자살 위험이 높은 청소년이 부모도 교사도 아닌 실제로는 또래의 친구들에게 그 절망적인 마음상태를 털어놓고 있다. 그러나 고민을 들은 또래 친구도 어떻게 대응하는 것이 좋은지 모르기 때문에 상황을 더욱 악화시켜버린다. 그래서 청소년을 직접 대상으로 하는 자살예방 교육(1차예방 교육)의 필요성이 제창되고 있다.

⑱ 위험한 수단에 대한 규제

가정용 가스에 일산화탄소를 제거함으로서 자살률이 낮아졌다는 영국의 사례도 있다. 이렇게 위험한 수단에 대한 규제도 자살예방의 중요한 과제가 되고 있다. 중국에서는 지금도 농약을 쉽게 구할 수 있다. 또 미국 청소년의 자살률 급증은 가정에서의 총기 보유수 증가와 병행하고 있다는 보고도 있다. 그래서 지극히 독성이 높은 농약 혹은 총기의 규제 등을 통해 자살률을 낮출 수 있을 것이다. 이러한 환경 측면에서의 대책도 필요하다.

⑲ 남겨진 사람을 케어한다

자살은 죽는 사람만의 문제로 끝나지 않고 남겨진 가족이나 지인에게도 깊은 마음의 상처를 입힐 가능성이 있다. 자살에 대한 편견 때문에 이러한 사람들은 많은 나라에서 아직도 입을 다물고 있다. 유가족 본인들이 나중에 정신질환에 걸리거나 최악의 경우에는 자살 위험이 생길 수도 있다. 따라서 이러한 사람들에 대한 적절한 케어나 자조그룹을 만드는 것에 대한 지원도 향후의 과제가 된다.

⑳ 대중매체와의 협력관계를 구축한다

고도로 정보화된 현대사회에서는 선정적인 자살보도가 또 다른 다수의 자살을 초래할 위험성이 높다. 대중매체와의 협력관계를 평소에 구축해 놓지 않으면 보도방법에 따라서는 위험한 사태가 일어날 수도 있다. 한편으로 대중매체의 영향력을 생각하면 적절한 보도로 인해 자살예방에 큰 역할을 할 수도 있다고 기대된다. 외부에 의해 강제되는 것이 아니라 대중매체 스스로가 자살보도에 대한 강령(프레스 코드)을 만드는 것이 이상적이다.

이상, UN과 WHO가 발표한 국가 차원의 자살예방 대책 가이드라인을 소개했다. 이것을 전면적으로 실시하고 있는 나라는 현재 극히 소수이다. 이 가이드라인을 활용하기 위해 중요한 점은 우선 가이드라인을 자국의 실상과 대조하고 검토하는 것이다. 이 중 어느 항목이 즉시 실시 가능한지, 어느 항목이 실시 불가능한지, 어느 항목이 수정이 필요한지를 검토해서 "지금, 여기에서" 실시할 수 있는 것을 검토하는 것이야말로 자살예방의 첫 걸음이 될 것이다.

2. 핀란드의 실천

다음으로 국가 차원의 자살예방 대책이 성공한 사례를 살펴보겠다. 아쉽게도 국가 차원의 방침을 세우고 자살예방 대책을 실시하여 성공한 나라는 지극히 소수이다. 그 중에서 핀란드는 자살예방을 나라 전체의 문제인 것으로 직시하고 지속

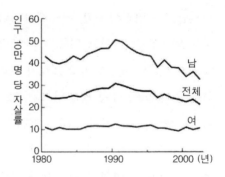

출처) 핀란드 후생성, 2004

〈그림 4-1〉 핀란드의 자살률 추이

적으로 대처해왔다. 자살률은 1990년에 인구 10만 명 당 30을 넘어섰고, 현재의 일본의 자살률보다도 높은 상태였다. 그러나 착실하게 자살예방 대책을 실시하여 자살률을 약 30% 정도 떨어지게 했다 (<그림 4-1>). 핀란드의 사례는 자살예방이 단기간 내에 효과가 나

는 것이 아니라 각 기관 간의 긴밀한 연계를 통해서 장기적인 대책이 필요하다는 것을 분명하게 나타내고 있다.

이미 서술한 『UN자살예방 가이드라인』을 작성하는 과정에서 나는 핀란드의 전문가와 만날 기회가 있었다. 여러 학회에서도 많은 핀란드의 전문가들과 의견을 나눴으며, 2005년 2월에는 핀란드를 방문하기도 했다. 이러한 경험을 토대로 핀란드의 국가 차원의 자살예방 대책을 소개하고자 한다.

핀란드에 관한 기초지식

핀란드는 면적이 34만 평방킬로미터이고 일본보다 약간 작다. 인구는 약 520만 명이고 인종은 거의 핀란드계이다. 종교는 국민의 86%가 루터파 개신교이고 10%가 그리스정교를 믿고 있다. 주요 공업은 종이·펄프, 금속, 공업디자인, 하이테크기기 제조(휴대전화 등)이다. 북유럽의 단원제의 의회제 민주주의 국가이고 다른 북유럽의 여러 나라와 같이 여성의 사회적 진출률이 높다. 1906년에는 유럽에서 처음으로 여성 선거권이 인정되었다. 1999년 총선거에서는 200명의 의원 중 74명의 여성의원이 당선되었고, 2000년에는 처음으로 여성 대통령이 탄생했다. 2005년에는 18명의 각료 가운데 8명이 여성이었다.

의료보장제도는 1950년대부터 1970년대에 걸쳐서 정비되었다. 의료제도는 다음의 2단계로 나뉘어 있다.

1차 의료(primary health care): 지자체가 운영하는 보건의료센터에서 실시한다. 1차 의료에 해당되는 보건의료센터에는 외래 진료와 입원 병동이 있다. 이외에 민간 클리닉도 있다.

특수의료: 20개의 전문의료지구로 구분되어 있고 모든 지자체는 어느 한 곳의 의료구분에 소속된다. 핀란드에서는 환자의 권리를 옹호하고 적절한 의료가 이뤄지도록 보장하기 위해 아시아미스제도 (Asiamies, 소위 옴부즈만 제도)가 정비되어 있다. 이 제도의 역할은 환자의 경제 상태를 돌봐주거나 환자에게 진단 및 치료를 정확히 제공하고, 환자의 권리를 설명하고 옹호하며, 다른 선택지를 설명해주고, 치료가 부적절할 시에는 조정하는 역할을 하고, 치료 수준을 감시하는 등의 일이다.

핀란드 전체의 정신과 의사 총수는 1,400명(특별한 자격을 갖고 있는 정신과의는 1,100명)이고 인구 당 정신과 의사의 수는 일본의 약 2배에 달한다.

자살예방 대책이 시작된 사회적 배경

유럽 중에서도 핀란드는 역사적으로 자살률이 높은 나라 중 하나였다. 1974년 국회 특별위원회에서 자살예방 대책의 필요성이 지적되어, 그에 따라 자살예방 전문가들의 의견들을 정리했다. 예를 들면, ① 자살에 사용될 가능성이 있는 수단(총, 약물, 처방약)을 입수하기 어렵게 한다. ② 약물의 포장량을 적게 한다. ③ 우울증에 대한 인식을 높이고 조기 치료를 도입한다. ④ 자살예방센터를 설립한다(이것은 오스트리아에 이어 유럽에서 2번째). ⑤ 전화상담

서비스의 개시 등이었다. 다만, 제언은 대체로 총론적인 것에 그쳤고 구체적인 자살예방 대책을 전국적으로 전개하는 데까지 이루어지지는 않았다. 그래서 그 후에도 핀란드의 자살률은 높은 상태를 유지했다.

1980년대부터는 구체적으로 효과가 있는 자살예방 대책을 본격적으로 실시하려는 움직임이 커졌다. 그 배경에는 소위 외압과 내압이 있었다고 핀란드 자살예방 대책을 이끌어온 J. 렌크비스트(J. Renkvist) 박사가 말했다. 외압이란 1960년대부터 각국 자살률을 모니터링해온 WHO가 핀란드에게 자살예방 대책의 실시를 요구해온 것이다. 내압으로는 당시 후생복지장관인 에바 쿠스코스키(Eeva Kuuskoski)가 자살예방에 관심을 갖고 주도적인 역할을 발휘한 것을 들 수 있다. 쿠스코스키는 30대 중반에 의학부 내과교수이자 정치가였던 남편을 자살로 잃었다. 이러한 경험으로 쿠스코스키도 자살예방에 큰 관심을 갖고 있었다. 쿠스코스키는 당시 헬싱키대학 정신과 교수 렌크비스트 박사를 국립공중위생원(이하 KTL로 명칭함)의 정신보건부장으로 임명해서 자살예방 프로젝트의 총책임자로 하였다.

국립공중위생원(KTL)의 역할 – 실태파악을 위한 조사

렌크비스트 박사는 1986년 예비조사를 실시하고 자살 실태조사를 위한 기본계획을 세웠다. 핀란드의 기존 의료·복지 시설이나 인원을 활용하는 것을 전제로 한 것이어서 대량의 자금 원조가 있었던 것은 아니었다. 1986년 9월에 약 1,000명의 공동연구자를 모아 연구를 시작하기 전에 교육을 실시하고 연구의 방향성에 대한 공통된 인식을 가지도록 노력했다.

그리고 1987년 4월~1988년 3월, 1년 동안 핀란드에서 일어난 자살 1,397건에 대한 심리적 부검 기법을 이용하여 조사를 실시하고 신중하게 기록을 분석했다(놀랍게도 97%의 사람이 이 조사에 협력하여 의뢰에 응했다). 자살자에 관한 데이터는 친척이나 치료를 담당한 의료 관계자를 대상으로 자세히 인터뷰하거나 정신의학, 신체의학, 복지, 경찰, 법의학, 그 외의 기록도 참고하고 유서로부터도 정보를 모았다. 인터뷰 기록용지는 이 프로젝트를 위해 특별히 준비하였고 질문해야 할 내용이 자세히 열거되어 있었다. 조사를 위한 훈련을 받은 정신보건 전문가의 인터뷰를 실시하고 그 내용을 기록용지에 기입했다. 다음 4가지의 인터뷰가 실시되었다.

① 조사원이 자택을 방문하여 가족을 인터뷰했다. 면접용지에는 고인의 일상생활이나 행동, 가족의 소질(家族負因), 알코올이나 다른 약물의 사용, 이전에 알아차렸던 자살 행동, 도움요청 방법, 최근에 일어난 일 등 234개의 질문 항목이 포함되어 있다.
② 자살이 일어나기 전, 1년 이내에 고인을 진찰한 의료 관계자를 인터뷰했다. 고인의 생전 건강상태, 치료, 사회 심리적 스트레스의 정도나 기능 상태 등에 대해 113개 항목으로 이루어진 인터뷰 용지를 사용했다.
③ 고인이 마지막 행동에 이르기 직전에 의료 관계자나 사회복지

사에게 연락을 취한 적이 있었던 경우에는 대상 인물에게 8개
항목으로 구성된 인터뷰를 실시했다.
④ 필요에 따라서 추가 조사를 실시했다.

이러한 심리적 부검 조사를 토대로 여러 분야의 전문가로 구성된
팀이 전체 사례에 대해 토론하고 최종적 사례보고서를 작성했다. 이
것은 자살예방 대책을 세우기 위해서 그 기초가 되는 귀중한 데이터
가 되었다. 세계 일류의 전문지에도 수많은 논문이 발표되어 핀란드
뿐만 아니라 세계의 임상가나 연구자들에게도 귀중한 정보가 되었
다. 조사결과에 대한 자세한 내용은 이미 학술지에 많이 게재되어
있기 때문에 여기서는 그 요점만을 언급하겠다.

① 핀란드에서 자살자의 대다수(약93%)가 마지막 행동에 이르기
전에 어떤 정신질환을 진단받은 상태였다.
② 우울증, 알코올 의존증을 합치면 전체의 약 80%를 차지하고
있었다.
③ 적절한 치료를 받고 있던 사람은 극히 소수였다.
④ 남성이 자살자 전체의 4분의 3을 차지하고 있었다.

이상이 핀란드의 자살예방 대책을 실시할 때에 특히 그 대상으로
해야만 하는 문제로 고려되었다.

국립복지건강연구개발센터(STAKES)의 역할 – 구체적인 자살 예방 대책의 실시

KTL은 핀란드의 자살 실태에 대해 적극적으로 조사하고 그것을 학술잡지에 적극적으로 발표했고, 또 하나의 가관인 STAKES는 그 실태를 바탕으로 지역에서 자살예방 대책을 꼼꼼히 실시해 가는 역할을 맡았다.

메디컬 모델과 커뮤니티 모델이 서로 긴밀한 관련을 가지고 있어야 유효한 자살예방 대책이 이뤄질 수 있다는 것이 최근 자살예방학에서의 상식이다. 핀란드도 이 양자의 연계가 원활히 진행된 사례라고 할 수 있을 것이다.

극히 간단하게 설명하면, 메디컬 모델이란 자살에 직결될 가능성이 있는 중증의 정신질환을 조기의 단계에서 발견하여 적절한 치료를 실시하여 자살을 예방한다. 이른바 미즈기와 작전 또는 고위험 전략 등이라고도 불리는 경우도 있다. 한편, 커뮤니티 모델에서는 지역 내의 건강한 사람을 대상으로 문제해결 능력을 높이는 교육을 실시한다. 구체적으로는 다음과 같은 점을 강조한다.

① 지역민들에게 정신질환에 대해 올바른 지식을 교육한다.
② 정신질환에 대한 편견을 줄이도록 노력한다.
③ 곤란할 때는 도움을 요청해도 된다는 메시지를 전하고, 도움을 요청하는 것이 오히려 대응력을 높이는 방법이라는 것을 교육한다.

④ 어디에 도움을 요청하면 되는지에 대해서도 올바른 정보를 제
   공한다.

자살예방에는 메디컬 모델과 커뮤니티 모델 양쪽 모두 필요하고
어느 하나만으로는 충분한 효과를 얻을 수 없다. 이 점은 UN자살예
방 가이드라인에서도 반복적으로 강조하고 있다.

1992년, STAKES는 『자살은 예방가능하다』(*Suicide Can be Prevented*)
라는 책자를 출판하고 핀란드의 자살예방 대책의 방침을 정리했다.
STAKES 활동의 중심적인 역할을 맡았던 M. 우판네(M. Upanne)
박사는 특히 다음의 2가지를 강조하고 있다.

① 자살은 단독의 원인만으로 일어나는 일은 드물고 대부분의 경
   우, 여러 가지 원인이 복잡하게 작용하여 일어나는 현상이다.
   따라서 다양한 분야에서 활동하고 있는 사람들의 협력이 필요
   하다. 사회 전체가 관심을 갖지 않으면 유효한 자살예방 대책
   이 만들어지기란 힘들다.
② 일반적으로는 특별한 원인 없이 어느 날 갑자기 자살이 일어나
   는 것처럼 생각되지만, 실은 오랜 기간에 걸쳐 문제가 쌓인 끝
   에 자살이 일어난다. 따라서 적절한 개입의 기회가 이전에도
   여러 번 있었을 것이다. 어떤 사람이 위기에 노출되어 있고, 어
   떻게 도움의 손길을 내밀어야 할지를 많은 사람들이 알아야 한
   다는 것이 중요한 과제가 된다.

우판네 박사의 의견에 따르면, 연구를 위한 연구로만 멈춰버리면 전혀 의미가 없고 특히 자살에 관해서는 예방 대책을 피드백 할 수 있는 연구를 실시하여 연구자와 지역의 예방활동에 종사하고 있는 사람들 간에 항상 정보 교환이 이뤄질 필요가 있다는 것이다. 또 자살에만 초점을 맞추는 것이 아니라 자살행위는 최종적인 비극일 뿐이고, 자살 이전에 일어날 수 있는 많은 문제를 해결하는 능력을 키우도록 돕는 것이 중요하다고도 지적하고 있다.

모든 상황이나 지역에 일률적으로 맞는 만능의 자살예방 대책은 존재하지 않는다. 그래서 핀란드에서도 각 지역이나 대상에 맞춰 자살예방 프로그램을 만들어갈 필요가 있었다. 즉 청년, 중장년, 고령자 등 생애주기에 따른 자살예방, 1차 의료나 정신과 등 의료 현장에서의 자살예방, 일반 직장이나 특수 직장(경찰, 소방, 군대) 등에서의 자살예방, 장애가 있는 사람에 대한 자살예방, 도시와 지방의 자살예방 등으로 구체적인 자살예방 대책을 세워서 실시해 가고 있다.

우울증과 알코올 의존증, 이 두 가지를 통합했을 때의 요인이 핀란드 자살자 수의 80%에 달한다는 사실은 이미 언급한 사항이지만, 이 현실을 직시하고 우울증이나 알코올 의존증을 올바르게 인식하는 전국적 캠페인을 계속하고 있다.

그리고 지금까지 지적했던 것처럼, 고도로 정보화된 현대사회에서는 대중매체가 맡은 역할이 크며, 자살예방의 분야에서도 마찬가지다. 핀란드에 있어서도 자살보도의 가이드라인이 만들어졌다. 그런데 자유사회에서 알 권리나 보도의 권리는 당연한 권리이기 때문에 전문가나 행정기관이 일방적으로 가이드라인을 만들기는 했지만, 대중매체 측에서 거절했던 국가의 사례도 있다. 그래서 핀란드에서는 가이드라인 작성 단계부터 저널리스트 대표자의 위원회 참석을 요청하고 전문가와 저널리스트가 협력해서 자살보도 가이드라인을 작성했다.

핀란드 정신건강협회

KTL이나 STAKES가 핀란드 자살예방에 중심적인 역할을 하지만, 그 이외에도 중요한 역할을 하는 조직이 있다. 예를 들면, 1897년에 창설된 핀란드 정신건강협회도 그 가운데 하나이다. 세계적으로 이 분야에서 가장 오래된 역사를 자랑하는 비정부기관(NGO)으로 알려져 있고, 자살예방뿐만 아니라 정신건강에 관해서 일반인들에게 올바른 지식이나 서비스 제공을 하고 있다. 예를 들어, 정신건강 촉진, 정보제공, 사회복지, 일반인 대상 교육, 심리요법의 기술향상, 전화상담 등이 있다. 정규직원 외 50명의 자원봉사자들이 활동하고 있고 정년퇴직한 사람과 학생들도 활동하고 있다. 이와 같은 활동을 하고 있는 협회의 지부는 핀란드 각지에 50곳이 있다. 현재 핀란드의 실업률은 8~9%인데 실업자를 위한 케어도 실시하고 있다.

핀란드 정신건강협회 중 전화 상담을 실시하고 있는 SOS센터가 있는데, 이 센터는 1970년에 설치되었다. 전화 상담이 1년에 약 6,000건에 이른다. 인터넷으로도 상담을 받고 있고, 전화 상담뿐만 아니라 상담자가 위기상황에 놓여 있다고 판단되는 경우에는 실제로 출동하거나 경찰과 연계를 통해서 직접 위기개입을 하는 경우도 있다. 이러한 서비스는 모두 무료로 받을 수 있고 정신과에 수진하는 것보다 저항도 적기 때문에 상담이 쉽게 이뤄지고 있다고 한다.

위기개입 팀

1990년쯤부터 핀란드 전역에 위기개입 팀(Crisis Intervention Team, 이하 CIT라고 한다)이 결성되었다. 미국판 CISM(Critical Incident Stress Management, 위기사태 스트레스 관리)를 참고하고 있고, 교육, 훈련은 노르웨이에서 진행하고 있다. 자연재해나 사고 등이 일어났을 경우 CIT의 파견이 일상적으로 요청된다. 자살이 발생한 후에도 남겨진 사람들을 위한 케어를 위해 CIT가 출동한다. CIT의 파견이 요구되는 긴급사태 중에서는 자살이 제1순위이다.

CIT는 통상적으로 2명이고 2~3시간 동안 긴급사태를 경험한 사람들에게 케어를 실시한다. 전문적인 훈련이나 경험이 있는 사람이 일정기간 동안 연수를 받은 후 CIT 멤버가 된다. 정신건강 분야에 배경지식이 있는 사람이 많지만, 멤버들이 균등한 수준의 지식을 갖고 있지 못하다는 비판도 일부 있다. 그러나 대부분이 지역 주민들로부터 높은 평가를 받고 있다.

CIT 멤버로는 의료, 복지, 교육, 구급, 교회 관계자인 경우가 일반적이고, 그 중에서도 임상심리사나 간호직의 사람이 많다. 헬스센터에도 CIT가 설치되어 있다. 평소에는 자신의 직업에 종사하고 있던 사람이 참사가 일어났을 때 팀원으로 활동한다.

이런 종류의 케어를 받은 사람의 91%가 CIT 활동을 긍정적으로 평가하고 있다는 조사결과가 있다. CIT 활동의 결과, 병가(病暇)가 줄어 직장으로 조기복귀 확률이 높아졌다는 보고도 있다. 당시 이러한 케어에 대해 회의적인 목소리도 있었지만, 현재는 호의적으로 받아들여지고 있으며 적극적으로 활용되고 있다. 그리고 유가족에 대한 지원과 함께 유가족들끼리 자조그룹을 만드는 등의 움직임도 보이고 있다.

학교에서의 자살예방 활동

1993년부터 학교에서의 자살예방 프로젝트가 개시되어 9~18세의 학생들이 프로젝트의 대상이 되고 있다. 또 교육부를 중심으로 교사 대상의 3일간 커리큘럼도 구성되어 있다. 2003년에는 법이 개정되어 위기대응 커리큘럼도 정비되었다. 학교 상담사나 간호사를 배치하는 것도 법제화되어 있다. 1997년에는 학교 위기관리에 대한 소책자가 정리되었고 그 중에는 자살예방에 관한 항목도 있다. 그런데 자살예방에 직접적인 초점을 맞추기 보다는 자존감을 높이고 소통 능력을 높이고 문제해결 능력을 높이는 데에 중점을 두고 있다.

이상, 핀란드에서의 여러 가지 자살예방 활동을 살펴봤다. 프로젝트를 시작했던 초기에는 전문가들이 이러한 활동에 대해 회의적이고 비관적인 태도를 취했을 뿐만 아니라 자살예방 효과도 나타나지 않을 것이라고 생각하는 사람들이 많았다고 한다.

당초의 목표는 자살률을 20% 저하시키는 것이었지만, 실제로는 30%까지 낮추는 데에 성공했다. 또한 전문가의 태도도 변하였고 일반 사람들도 이러한 자살예방활동의 필요성을 서서히 인식하기 시작하면서 긍정적으로 받아들이기 시작했다.

참고로 핀란드에서 만난 관계자들이 이구동성으로 강조하고 있던 점은 자살예방은 단기적으로는 충분한 효과가 나타나지 않기 때문에 장기적인 노력이 필요하다는 것이었다. 당초에는 3년 계획으로 프로젝트가 시작되었지만, 그것만으로는 부족하다고 판단하여 2년 더 연장되게 되었다. 그 기간이 끝나고 5년이 더 연장되어 자살예방 프로젝트는 총 10년 간 실시하게 되었다. 그 후, 외부 전문가로부터 2년간 평가를 받았다. 스웨덴이나 네덜란드 등 외부 전문가로부터 활동의 질이 높다는 평가를 받았다. 이렇게 핀란드의 자살예방 프로젝트는 전체로 12년이 되었으며, 지금도 자살예방활동은 착실하게 진행되고 있다. 자살예방을 위해서는 장기적인 노력이 필요하다는 것이 중요한 교훈이다.

물론 자살예방활동을 실시할 때, 조직적·포괄적인 방침을 가지는 것도 계획을 실현시키는 데 매우 중요하다. 게다가 전문가의 관여도 반드시 필요했다. 렌크비스트 박사를 책임자로 하는 KTL이 실태파악을 위해서 과학적 조사연구를, 우판네 박사를 책임자로 하는 STAKES가 현실에서 유효한 자살예방 대책을 실시하여 양측 간에 긴밀한 관계가 있었다는 것도 자살예방활동을 추진하기 위해 중요한 요소였다.

참고로 핀란드에서 자살예방활동에 종사해 온 사람들이 스스로의 활동을 되돌아봤을 때 100% 만족하고 있을 리는 없다. 전국적인 실태조사를 실시하고 방대한 데이터가 수집되었지만, 사용되지 않는 데이터도 많기 때문에 더욱 활용해야 한다는 의견이나 고위험군을 대상으로 예방활동에 집중하여 비용대비 효과를 생각해야 한다는 의견도 있었다.

또 현실적인 목표로서 어느 정도까지 자살률을 낮춰야 하는 것인지에 대한 질문도 있었다. 현재 핀란드에는 교통사고 사망자수가 연간 약 400명이고 자살자 수는 약 1,000명이다. 자살자수를 교통사고 사망자수 수준까지 낮출 수 있다면 당면 목표로서는 대부분 달성되었다고 할 수 있다는 의견이 많았다.

3. 니가타현 동 쿠비키군(新潟県 東頸城郡)의 자살예방 활동

다음으로 일본의 자살예방 활동을 보자. 2002년 후생노동성은 자살방지 대책 지식인 간담회를 소집하여 같은 해 12월에 '자살예방을 위한 제언'을 발표했다. 이에 따라 몇 가지 연구 및 활동이 시작되었지만, 자살예방활동은 막 착수단계에 들어선 상태였다. 본서 집필 당시에는 핀란드처럼 포괄적인 방침을 세우고 자살예방 대책에 노력하고 있다고 하기에는 거리가 멀었다.

참고로 아오모리나 아키타 등 자살률이 높은 동북부지역에서는 자살예방을 위한 지역의 활동이 시작된 상태였다. 그러나 아직은 시작한지 수년 정도 지난 단계이고, 결과를 판정하기에는 시기상조일 것이다.

1980년대 중반부터 실시해온 니가타현 동 쿠비키군 마쓰노야마 마을(新潟県東頚城郡　松之山町(현 도카마치시(十日町市))의 노년기 정신보건활동은 전국 여러 활동의 선례가 되고 있다. 이것은 지역에서의 체계적인 대응노력이 결실을 맺은 뜻 깊은 활동이다. 1999년 4월, 호주의 애들레이드에서 개최된 국제자살예방학회에서도 이 활동은 우수 자살예방활동으로서 표창을 받았다(高橋邦明, 内藤明彦, 森田昌宏ほか著『新潟県東頚城郡松之山町における老人自殺予防活動-老年期うつ病を中心に』精神神経学雑誌, 100巻, 469~485, 1998).

다른 연령대에 비해 고령자의 자살률이 높다는 것은 지금까지도 언급해왔지만, 니가타현의 자살률은 전국 평균보다 높았다. 그리고 그 중에서도 동 쿠비키군은 더 높은 자살률을 보이고 있었다. 동 쿠비키군은 전형적으로 인구 감소와 고령화가 눈에 띄는 지역이기도 했다.

그래서 니가타현 환경보건부는 '노인의 마음건강증진 및 자살방지'사업을 1985년도부터 시작했는데, 그 모델지역으로서 동 쿠비키군의 마을 6곳이 선정되었다. 먼저 니가타대학 의학부 정신과와 니가타현 정신보건센터가 중심이 되어 지역의 노년기 우울증에 대한 역학조사를 실시하고 우울증의 조기발견·조기치료를 목표로 하였다.

지역에는 정신과 의료기관이 없었기 때문에 니가타대학 의학부 정신과, 국립요양소 사이가타병원(国立療養所犀潟病院), 관내의 보건소, 지역의 진료소, 보건사 등이 서로 협력하여 이 사업을 추진했다. 일본은 아직 정신과 치료에 대한 저항이 강하다. 그리고 이 경향은 특히 고령자에게 강하게 나타난다. 그래서 니가타현에서의 활동을 위해 전문 정신과 의사가 지역에서 활동하는 주치의를 적극적으로 지원했다. 자살 위험이 높다고 판단되는 고령자에 대해 지역의 주치의를 통해 항 우울제를 투여했으며, 지역 보건사가 정기적으로 환자를 방문했다.

조사결과 대부분의 고령자들의 자살 배경에 "고령자가 고립되는 경향"이 분명해졌다. 자살을 용인·긍정하는 문화 혹은 쓸모가 없어지면 살아갈 의미가 없다고 여기는 사회가 고령자 자살의 배경이라는 것이 드러났다. 따라서 고령자의 우울증을 치료하는 것과 함께 지역민들에게 노년기 정신건강에 대한 올바른 지식을 교육시키는 것도 중요한 과제가 되었다. 니가타현 동 쿠비키군 마쯔노야마초의 고령자의 자살률은 활동개시 이전인 1985년에는 인구 10만 명 당 434명이었는데 1996년에는 123명까지 낮추는 데 성공했다. 이 지역의 정신건강 활동은 다음과 같은 주된 내용에서 성립되었다.

① 고령자의 우울증을 조기 발견하고 집중적으로 치료한다. 지역 주민의 동의를 얻어 우울증 스크리닝을 실시하여 고위험 환자에 대한 치료를 실시한다. 중심적으로 치료를 실시하는 사람은 고령자와 가까이 있는 1차 의료 의사(내과의)이고, 전문 정신

과의가 치료에 대한 조언을 한다.

② 보건사가 고위험 고령자를 정기적으로 방문하고 지원한다.

③ 지역민들에 대한 계발활동을 동시에 실시하여 고령자가 안고 있는 문제는 적절한 대응으로 해결 가능하다는 것을 교육한다.

이 활동은 현재도 진행 중이다. 많은 의료 관계자 중에서도 "고령자가 죽고 싶어 하는데 자살을 못하게 할 필요가 있는가?"라든지 "애초에 자살을 예방하는 것이 가능한 일인가?"와 같은 의문을 제기하는 경우도 있다. 그러나 동 쿠비키군에서의 조사 및 실천 활동은 이러한 의문에 대한 명쾌한 답이 될 것이다. 현재의 상황을 정확하게 파악하고 조기에 적절한 개입을 하면 고령자의 자살을 줄이는 것이 가능하다. 그리고 이를 위해서는 현재 위험한 상태에 놓여있는 사람을 적절히 치료하는 것과 동시에 그 사람들을 지탱하고 있는 지역의 일반인들에 대한 교육도 빼놓을 수 없다.

세계에서 실시되고 있는 자살예방 가운데 하나의 예로서 핀란드의 국가차원의 자살예방 대책과 니가타현 동 쿠비키군 마쓰노야마초의 자살예방 활동을 제시했다. 어느 쪽의 사례에서든 분명한 것은 메디컬 모델과 커뮤니티 모델을 밀접하게 관련시킬 필요가 있다는 것이다. 그리고 자살예방은 하룻밤에 성과로 나타나는 것이 아니라 아주 장기적인 대처가 필요하다. 이러한 것을 굳이 말할 필요도 없다고 생각할지 모르겠지만 이렇게 언급하는 데에는 이유가 있다.

최근 일본에서도 국가차원의 자살예방 대책이 시작되었다고는 하지만, 그것을 일시적인 현상으로 끝내버리면 안 된다고 생각하기 때문이다. "자살 급증의 원인은 장기화된 불황에 대한 대책을 소홀했기 때문이다."라고 야당이 추궁한다면, "그런 것은 아니다. 자살예방 대책을 실시하고 있다."고 여당이 반론한다. 마치 자살예방이 정쟁의 도구가 되어버린 느낌을 받는 것은 나 혼자뿐일까? 더욱이 조금이라도 자살률이 낮아지면, 사회적 관심이 식어버리는 그러한 사태가 나는 너무나 두렵다. 후생노동성이 발표한 '건강 일본 21'의 목표는 2010년까지 자살자수를 2만2,000명 이하로 줄이는 것인데, 이것은 1998년 자살이 급증하기 이전의 수치에 불과하다. 이 수치가 교통사고 사망자수의 세 배 이상을 차지한다는 것을 다시 한 번 지적하고 싶다.

덧붙여 씀: 니가타현 동 쿠비키군 마쓰노야마초는 지역 통합으로 2005년 4월 1일부터 도카마치시가 되었지만 본서에서는 자살예방으로 널리 알려져 왔던 이전의 지명으로 표기했다.

제5장

가족을 지탱하고
유가족을 케어한다

자살예방

자살 위험이 높은 사람을 치료하는 가운데 가족의 협력을 얻는 것은 빼놓을 수 없다. 이것은 특히 사춘기의 환자에 해당하지만 성인 환자의 경우에도 마찬가지이며, 어느 한 사람의 자살 행동이 가족전체의 병리를 대표해서 나타나는 경우가 자주 있다.

게다가 또 하나의 중요 과제는 불행하게도 자살이 일어났을 때 남겨진 사람들에 대한 케어이다. 병사나 사고사에 비해 자살은 매우 심각한 영향을 미친다. 종래에는 마음의 상처를 치유하기 위해서는 시간이 약이라든지 가만히 놔둬야 한다는 것이 최선의 방법이라고 여겨졌었다. 자살이 일어나도 잘 지내는 것처럼 보이는 사람도 있다. 그러나 적절한 케어를 하지 않으면 남겨진 가족들에게 불안장애, 우울증, PTSD(심적 외상 후 스트레스 장애)등의 전문적인 치료가 필요하게 되는 경우도 드물지 않다. 최악의 경우에는 연쇄자살이 발생할 수도 있다. 남겨진 사람들을 케어하는 것을 사후개입(postvention)이라고 부르는데, 사후개입은 그 중요성 때문에 다음 세대의 1차예방(prevention)이라고도 한다.

1. 가족이 안고 있는 문제와 자살 행동

의학에서는 치료 상의 실수를 피하기 위한 많은 경구가 있다. 자살예방의 분야에서는 "자살 위험성이 높은 아이의 배경에는 자살 위험성이 높은 부모가 있다" 그리고 "자살 위험성이 높은 부모의 배경에는 자살 위험성이 높은 아이가 있다"라는 말이 있다. 즉, 가족

전체의 병리가 특정인의 자살 행동에 반영되는 경우가 드물지 않다
는 것이다.

어떠한 문제를 보이는 어린이 환자를 치료하다 보면, 가족 중에도
비슷한 문제를 갖고 있는 사람이 있다는 것을 알게 될 때가 있다. 혹
은 어른이 마음의 안정을 잃고 치료를 받는 동안, 그 사람의 병의 영
향으로 아이에게 어떠한 문제가 발생하고 있다는 것을 치료자가 알
게 되는 경우도 있다. 양자가 가지고 있는 문제를 함께 다루지 않으
면 치료의 효과는 충분히 나타나지 않는다. 환자를 지원하는 가운데
가족의 역할은 크다. 가족의 불안을 완화시키는 것만으로도 환자의
증상이 일거에 개선되는 쪽으로 간다는 것은 정신과 치료에 종사하
고 있으면 자주 경험하는 일이다.

자살 위험과 가족의 문제의 경우, 일본에서는 거의 언급되지 않았
기 때문에 우선 해외의 몇 가지 이론을 간단히 소개하겠다.

대체할 수 있는 아이

정신과 의사인 사바스(Sabbath, J.C.)는 자살 위험이 높은 사람과
부모의 1대 1 관계를 분석한 결과, 자살 위험성이 높은 사람은 부모로
부터 '대체할 수 있는 아이'(expendable child)라는 역할을 무의식적
으로 할당받고 있다고 말했다(Sabbath, J.C.: The suicidal adolescent:
The expendable child. *Journal of the American Academy of Child
Psychiatry,* 8:272-289, 1969).

"의식적/무의식적으로 언어로 또는 무언으로 자신을 배제하고자

하거나, 죽어버리는 편이 낫다고 아이가 해석하도록 하는 부모의 소
망이 존재한다. 부모도 아이가 부모 자신의 행복에 대한 위협이라고
보고 있고, 그 아이도 부모는 자신에게 박해를 가하는 존재로 여기
고 있다."

즉, '대체할 수 있는 아이'란 부모에게는 더 이상 참을 수 없고 필
요하지 않은 존재라는 뜻이다. 부모는 아이에 대해 이러한 감정을
품고 있지만 극단적인 경우 탄생 이전, 즉 임신 중으로 거슬러 올라
가는 경우도 있다.

중요한 시기인 발달 초기에 부모로부터 이러한 감정을 받은 아이
는 남은 인생에서 "나는 무의미한 존재다", "그 누구에게도 사랑받
지 못하는 나", "살아가는 의미를 느끼지 못한다"는 등의 강렬한 메
시지에 사로잡혀 살아가다가 만년에 자살 위험이 발생하게 되는 배
경이 될 수도 있다.

희생양(scape goat)

자살의 원인이 될 수 있는 관계로서 사바스는 주로 부모와 자식
간의 1대 1 관계라고 언급했는데, 미국 임상심리사인 리치만(Joseph
Richman)은 자살 위험성이 높은 사람과 가족 전체의 상호관계에 초
점을 맞췄다(高橋祥友訳『自殺と家族』金剛出版, 1993).

이러한 가족은 어느 특정 인물을 희생양으로 삼음으로써, 가족의
병적인 평형상태를 가까스로 유지한다. 희생양은 다음과 같은 역할
을 맡는다.

① 가족들은 가족 내의 모든 문제의 책임을 특정 인물의 탓으로 한다(예: 가족 중에서 어떤 사소한 문제가 발생해도 "너의 잘못이다."라고 하며 특정 인물의 잘못으로 만들어 버린다).

② 그렇게 함으로써 문제를 근본적으로 해결할 수 있는 방법을 찾으려고 하지 않는다.

③ 이것은 병적이지만 가족 간의 미묘한 균형을 유지하도록 하며 분리불안을 해소한다.

④ 가족들이 갖고 있는 죄책감을 푼다.

⑤ 이러한 일련의 행동을 통해 가족들은 직접적·간접적으로 희생양이 된 인물의 자살에 가담한다.

이러한 가족을 눈앞에 두고 치료는 첫 만남부터 시작한다고 리치만은 말하고 있다. 치료자는 첫 만남부터 자신이 갖고 있는 기량이나 경험을 모두 사용해야 하는데, 이는 쉬운 일이 아니다. 단순히 치료의 절차나 방법만이 필요한 것이 아니라 자기 자신의 불안을 먼저 극복하고서 자살 위험이 높은 사람과 그 가족이 안고 있는 강렬하고 근본적인 감정에 대처하지 않으면 안 되기 때문이다. 첫 만남의 장, 상황, 관계되는 사람들, 자살행동의 심각성, 사건 발생의 주변 환경, 첫 접촉방법 등은 각각 다르겠지만, 이와 같은 경우 치료자는 우선 가족 전원과 만나는 것부터 시작해야 한다고 리치만은 말하고 있다.

다양한 세대에 미치는 가족의 병리

소아정신과 의사인 페퍼(Pfeffer, Cynthia R)는 자살 위험이 높은 사람이 안고 있는 문제는 한층 더 깊고, 현재 함께 생활하고 있는 가족뿐만 아니라 많은 세대에 전해진 문제라고까지 지적하고 있다(高橋祥友訳『死に急ぐ子どもたち―小児の自殺の臨床精神医学的研究』中央洋書出版部, 1990). 페퍼에 따르면, 자살 위험이 높은 사람의 가족에게는 다음과 같은 특징이 있다고 한다.

① 부모 자신도 자신의 부모(아이에게는 조부모)로부터 충분히 자립되어 있지 않다. 부모도 자신의 부모에게 적의, 상실감, 낮은 자존감, 과도한 애착 등의 부정적인 감정을 품고 있다.

② 부부 간에 심각하게 유연성이 결여되어 있다. 애증이 상반(相半)하는 복잡한 감정이 존재하고, 분노, 의존, 분리의 두려움이 동시에 나타난다. 부모 중 한 명, 특히 어머니가 우울증을 앓고 있거나 자살 위험이 높은 경우가 많다.

③ 부모의 의식적·무의식적인 감정이 아이에게 투영되어 유연성이 결여된 만성적인 부모 자식 간의 갈등을 인정한다. 아이의 요구에 부모가 유연하게 반응하거나 관계를 고쳐나가는 것이 불가능하다. 아이가 나이에 걸맞지 않은 어른의 역할을 자주 맡고 있다.

④ 특히 모자간에 극단적인 공동 의존관계가 존재한다. 이러한 모자관계 때문에 아이는 자립할 수 있는 기능을 발달시키지 못한다.

⑤ 전체적으로 유연성이 결여된 가족체계가 존재한다. 가족은 견고한 방법으로 결합되어, 어떠한 변화도 위협인 것으로 간주하기도 하고, 사소한 변화에도 강한 불안을 느낀다. 개인적인 목적의 달성이나 가족으로부터 자립하려는 시도는 가족전체에 대한 반역으로 간주될 수 있다.

성인이 되고서야 우울증을 비롯한 마음의 병에 걸려버린 결과, 자살의 위험이 높아지는 것인데, 이제까지 인생을 되돌아보더라도 이러한 가족의 문제가 전혀 없던 사람의 경우도 있다. 그러나 특히 젊은 사람이 자살을 시도했던 경우에는 가족적인 배경을 고려하지 않고서 치료는 좀처럼 성공하기가 힘들다. 또 성인 환자라도 충분히 가족 내의 분위기를 이해하고 가족으로부터 어떠한 협력을 받을 수 있을지를 판단하는 것은 치료를 진행해가는 데 매우 중요한 열쇠가 된다.

2. 자살예방에 반드시 필요한 가족의 협력

자살의 위험성이 높은 사람의 가족 내의 상호관계에 대해 간단히 다뤘는데, 이것은 결코 자살 문제가 발생했다고 해서 가족을 비난하는 것이 아니다. 이러한 가족은 건강한 모습은 아니지만, 필사적으로 그 가족 나름대로 균형을 유지하려고 한 결과로서 지금과 같은 관계가 생긴 것이다. 그러나 그것은 합리적인 방법이 아니기 때문에 어느 특정 인물에게 많은 희생을 강요하는 결과를 낳게 된다.

지금 당장 자살 발생 가능성이 높은 상황을 위기로만 받아들이면 안 된다고 리치만은 반복적으로 언급하고 있다. 그러한 상황을 이제까지 숨기려 했던 가족의 병리가 처음으로 겉으로 드러난 순간이라고 생각하고, 오히려 자살 위험이 높은 사람뿐만 아니라 가족 모두의 자립을 위해 구원의 손길을 내밀 수 있는 절호의 기회가 왔다고 생각해야 한다고 했다.

예를 들면, 어떤 사람이 자살을 시도하고 응급실에 실려 온 상황을 상상해보자. 리치만은 첫 면접에 가능한 한 많은 가족을 불러야 한다고 한다. 설령 직장에서 조퇴하는 일이 있더라도 아버지도 반드시 병원에 와야 할 필요가 있다고 전달한다. 마찬가지로 형제나 조부모가 있다면 모두가 내원할 수 있도록 의뢰한다. 모두가 동시에 모인다면, 그것만으로도 환자를 지지하려고 하는 가족의 분위기를 느낄 수 있다. 반면 대부분이 오지 않는 경우도 있다. 자살미수 직후라는 것은 환자의 가족들에게 가장 쉽게 다가갈 수 있고 그리고 가족들도 도움을 쉽게 받아들이려고 하는 때이다.

그리고 우선 한 명씩 만나는데 누구부터 먼저 만날지는 가족 스스로가 정하도록 한다. 가족 한 명 한 명이 현재 상황을 어떻게 받아들이고 있는지, 그리고 왜 자살행동이 발생했다고 생각하고 있는지, 또 치료자가 어떻게 하면 최대로 지원해줄 수 있는지에 대해 묻는다. 물론 이러한 질문은 환자에게도 한다. 누가 어떠한 발언을 해도 치료자는 그것을 그대로 받아들인다. 설령 몇 분밖에 되지 않더라도, 이러한 면담은 양호한 관계를 구축하는데 도움이 되고 향후 치료가 진전되는 데도 중요한 영향을 미친다.

다음으로 리치만은 가족 모두가 함께 이야기할 수 있는 기회를 마련하고 있다. 가족의 상호관계를 이해하고 파괴적인 측면과 함께 건설적인 능력에 대해서도 평가하고, 가족이 보다 적극적으로 지지하는 소통 형태를 만들 수 있도록 이끈다. 서로 화내고 상처 입히고 있는 가족을 어떻게 하면 함께 이야기할 수 있도록 할 수 있을지를 도와주는 것도 중요하다. 무엇이 어떻게 일어났는지에 대해 각자의 의견을 말하고 가능한 한 사태를 개선시키기 위해서 어떻게 해야 할지를 의논하도록 가족에게 권한다.

가족들이 이야기하고 있는 동안 치료자는 오직 이야기에만 귀를 기울인다. 어떤 이야기를 하려고 하더라도 치료자는 그것을 그대로 받아들여야 하며, 이야기를 가로막지 않는다. 이 초기의 단계는 이해와 개입을 위한 중요한 열쇠와 방향성을 알려주게 된다. 가족의 역동성을 이해하는 귀중한 단계인 것과 동시에 치유를 위해 바로 첫걸음을 내딛는 단계라고 할 수 있다. 그리고 가족의 상호 관계의 자연스러운 흐름을 관찰하고 시기상조인 개입은 피한다.

치료자의 기본적인 태도는 "가족은 이래야 한다."와 같이 자신의 생각을 강요하는 것이 아니라, 우선 가족 전체를 있는 그대로 수용하는 것이다. 가족 간에는 감정적인 이야기를 나누거나 분노를 표출하고, 타인을 비난하는 등의 상황이 자주 일어난다. 에두른 표현이나 자학적이고 가학적인 행위, 치료에 방해될 것 같은 행위도 종종 보인다. 그러나 실제로 자살 위험성이 높은 환자가 있는 가족이 겉으로는 조화된 모습을 보여주거나 갈등이 없는 것처럼 하는 경우에는, 치료가 성공하지 않을 가능성이 높을 뿐만 아니라 애초에 치료 단계로 넘어가지 못할 수가 있다. 이러한 의미에서 삶의 감정을 드러내는 것이 오히려 바람직하다고 리치만은 말하고 있다.

치료자는 이러한 문제가 많은, 다시 말해 언뜻 보면 서로 상처를 줄 것 같은 표현과 행위들이 오가는 것을 환영해야 한다. 왜냐하면 이것이 지금부터 치료자가 대처해나가야만 하는 문제점이기 때문이다. 언뜻 보기에 격하게 오가는 것은 긴장을 완화시키고 이제껏 해결불가능하다고 생각했던 문제를 파악해서 적극적으로 해결 가능한 치료로 진행되게 할 수 있는 기초가 된다.

가족의 격한 주고받는 모습을 심리요법가가 너무 일찍 무리하게 막으려고 하거나 인간적인 따뜻함을 전혀 느낄 수 없는 면담을 하려 해봤자 아무런 도움도 되지 않는다. 문제의 형태가 바뀌어버리기 전에 문제를 겉으로 드러낼 필요가 있다. 전염병에 걸렸다고 해서 의사가 환자를 혼내지 않는 것처럼, 파괴적인 부분이 있다고 해서 정신요법가가 가족을 비난해서는 안 된다. 가족들이 달리 해결책을 모르고 있다는 것을 정신요법가는 이해해야 한다. 그렇기 때문에 가족은 원조를 필요로 하고 있다고 말해도 좋다.

이러한 과정을 통해 가족 전체의 관계를 이해하는 것과 동시에 환자를 돕기 위해서는 현재 핵심인물이 누구인지를 파악해야 한다. 자살 위험은 결코 한 번으로만 끝나지 않는다. 반복적으로 발생하는 자살의 위험에 대한 대비를 소홀이 하지 않고, 그 때 환자를 잘 지원해줄 수 있는 인물이 누구인지를 잘 판단해야 한다.

최종목표는 가족 자체가 자조그룹처럼 기능하며 문제가 발생했을 때에 특정 인물만을 부당하게 비난하는 것이 아닌, 그 사람을 도우면서 가족전체가 더욱 성장하는 것이다. 가족이 단순히 공동 의존적이고 바싹 묶여있는 것이 아니라, 개개인이 서로 존엄한 존재로서 생활하면서 필요할 때에는 서로가 도움이 되는 관계가 되는 것이 최종목표이다. 그것이 달성된 단계에서는 이미 자살행동으로 문제를 해결할 필요는 없게 된다.

3. 자살이 일어났을 때의 유가족의 케어

다음으로 불행하게도 자살이 일어나 버렸을 때, 유가족에게 일어날 수 있는 반응이나 유가족에 대한 케어에 대해 고찰해 보자(본서는 어디까지나 유가족에게 초점을 맞추고 있다. 직장이나 학교 등에서 자살이 일어났을 때, 다른 사람들을 대상으로 하는 그룹에 대한 케어는 본서가 취급하는 범위를 넘어선다. 이와 관련해서 관심이 있는 분들은 아래의 책을 참고 하기 바란다. 高橋祥友, 福間詳編『自殺のポストベンションー遺された人々へのケア』 医学書院, 2004).

유가족에게 일어나는 반응

강한 유대감이 있던 사람이 병이나 사고로 죽게 되면 남겨진 사람들은 슬픔에 휩싸이게 된다. 하지만 그 이상으로 스스로 목숨을 끊는 경우에는 유가족들은 태풍과 같은 감정에 사로잡히게 된다. 자살을 한 사람이 동급생이거나 동료인 경우에도 심리적인 타격이 크지만, 역시 가장 심각한 영향을 받는 것은 가족들이다.

자살의 첫 소식을 받고 그 사실을 정면에서 받아들일 수 있는 사람은 거의 없다. "머릿속이 새하얗게 돼버렸다", "설마", "그럴 리가 없다", "거짓말이다"와 같은 놀라움으로 망연자실하게 된다. 때로는 자신이 주변과 떨어져 있는 것처럼 느껴지는 경우도 있다. 경찰서에 가서 시신을 대면하고 장례식을 치렀지만 나중에 되돌아보면, 그 동안의 일이 마치 다른 세계에서 일어났던 것처럼 이질감을 느끼는 경우도 자주 있다.

"설 휴가에 함께 해외여행갈 계획을 세웠었다. 예약도 다 해두었다. 그런 사람이 자살할 리가 없다." "성실한 사람이었고, 내일 손님과 만날 약속도 잡혀 있다. 절대 자살했을 리가 없다."라고 현실을 완강히 부인하려고 하는 마음의 움직임도 자주 일어난다. 머릿속으로는 자살이 일어났다는 것을 이해하고 있지만, 혹여나 길거리에서 고인과 닮은 사람을 보면 본인도 모르게 그 사람을 쫓아가 확인하지 않으면 속이 풀리지 않는다고 말하는 유가족도 있다. 혼자 집에 있는데 문득 고인의 인기척을 느껴 무심코 말을 걸었던 적도 있다.

마지막으로 만났을 때의 표정, 대화의 내용, 태도 등이 마치 바로 몇 분전의 일처럼 선명하게 기억난다고 말하는 사람도 있다. 양복바지에 묻었던 얼룩 모양이나 만났던 장소까지 명확하게 기억하고 있다고 말하는 유가족도 있다. 시신을 발견한 어떤 가족이 토사물의 냄새가 아직도 코에 남아있다고 이야기하는 것을 들은 적도 있다. 기억이 희미한 경우도 있지만, 이렇게 강렬한 인상과 함께 기억되는 일도 유가족들은 자주 경험한다.

더욱이 유가족들이 자주 하는 말은 "내가 더 주의를 했더라면 자살을 막을 수 있었을 것이다" 또는 "나의 한 마디가 그 사람을 죽음으로 내몰아버린 것은 아닐까?"와 같은 말들이다. 가족의 자살을 막을 수 없었다는 것에 대해 반복적으로 자신을 자책한다. 그 결과 유가족이 강한 불안감을 느끼거나 치료를 요할 정도의 우울증을 앓게 되는 경우도 있다.

"왜 자살해버린 것일까?"라는 순수한 의문을 갖기도 한다. 직장에 찾아가 동료나 상사로부터 이야기를 듣거나 치료를 받았던 경우에는 담당의사에게 찾아가 자살에 이를 때까지의 모습을 묻기도 한다. 실제로 순수하게 진실을 밝히고 싶다는 동기로 재판을 거는 경우도 있다.

자살이 일어났다는 사실 때문에 특정 타인에게 분노를 표출하는 유가족도 있다. "쉬는 날도 없이 일을 시킨 회사에게 책임이 있다", "상사가 터무니없는 일을 시켜서 자살이 일어났다", "지시가 너무 엄했던 것이 원인이다", "그 사람이 매우 심각한 상태라고 주치의에게 여러 번 말했지만, '걱정이 심하시네요. 사모님이 너무 걱정해서 오히려 증상이 호전되지 않는 겁니다.'라고 말했기 때문에, 그 사람이 자살한 것은 의사의 책임이다."와 같은 생각을 가진 유가족도 있다.

또, 분노가 고인에게 향하는 경우도 있다. 이런 감정을 느끼고 본인이 너무 야속한 사람이라고 생각하면서도 "왜 자살 한 거야. 나와 아이들을 남기고 무슨 짓을 해버린 거야."라는 분노를 이제는 표출

할 수조차 없는 고인에게 그 화살을 돌릴 때도 있다. 물론 분노를 표출하려고 해도 그 상대는 이미 이 세상에 없다. 오히려 자책감이나 억울함만이 더욱 강해지는 결과를 낳을 수가 있다.

현실에 자살이 여러 차례 일어나는 가족이 있다. 이것은 유전적인 원인에 따른 것이라는 설이 있다. 혹은 일종의 학습 결과라는 설도 있다. 즉, 강한 유대감으로 이어져 있던 사람의 자살을 경험한 후, 자신도 심각한 문제에 직면했을 때 그 해결수단으로 자살을 선택하는 경향이 강해진다는 것이다. 같은 집안 내에서 자살이 여러 차례 일어났다는 사실이 유전에 의한 것인지 아니면 학습에 의한 것인지에 대한 논쟁은 결착되지 않았다. 그러나 형제가 자살을 한 경험이 있을 경우, "나도 궁지에 몰리게 되면 자살하는 것이 아닐까?"라든지 남편을 자살로 잃은 사람의 경우에는 "아이도 남편과 같은 성향을 갖고 있지 않을까?"라는 불안을 느끼게 되는 경우도 자주 있다.

일본에서는 자살에 대해 터부시하려는 경향이 강하다. 그래서 자살을 어떻게든 비밀로 하거나 극단적인 경우에는 고인에 대해 말하는 것을 일체 허용하지 않는 분위기가 가정을 뒤덮이는 경우도 있다. 실제로 아버지의 시신을 발견한 아이에게 어머니가 "아버지는 병으로 돌아가셨다"라고 남들에게 말하도록 강요한 적도 있다. 또 부모가 자살했다는 사실을 아이에게 알려주지 않는 경우, 언제 그 사실을 알려줘야 하는지가 남겨진 부모에게 큰 문제 된다.

또 가족 간의 알력이 증가하는 경우도 자주 볼 수 있다. 배우자를 자살로 잃은 경우에는 주변의 친척들이 도와주려는 것이 바람직하지만, 한편으로는 "당신이 곁에 있었으면서 왜 자살이 일어났는가?"

라고 비난하거나, 또 다른 누군가가 "이렇게 힘든 시기에 도와줘야 하는 것이 당연한데, 왜 힘든 사람에게 더 고통스러운 말만 하는가?" 라고 대꾸해서 친척끼리 일체 관계를 끊어버리는 일도 드물지는 않다. 아이를 자살로 잃은 부부는 이혼할 확률이 매우 높다는 연구결과도 있다.

이제까지 본인이 여러 번 자살을 암시했거나, 자살을 반복했거나, 혹은 장기간 우울증으로 고생한 끝에 자살이 일어났을 경우에 유가족은 "이제 본인도 그리고 가족도 괴로울 일이 없어지네"라고 일종의 구제를 받은 듯한 느낌을 받을 때가 있다. 그러나 동시에 "이런 생각을 하고 있다니, 나는 참으로 냉혹한 사람이다. 그래서 그 사람이 자살해버린 것일까?"와 같이 자책의 감정이 강해질 수도 있다.

물론 주위로부터의 비난의 눈총을 느낄 때도 있다. "저 집은 남편이 자살했대. 부인이 잘 못해서 그런 것 아니야?"와 같이 현실에서 이웃 사람들이 배려심 없는 소문을 퍼뜨리는 경우도 있고, 실제로는 사실이 아닌데 주변사람들이 그렇게 생각하게 될까봐 사람들의 눈을 피하는 경우도 있다.

사랑하는 사람의 자살이라는 충격적인 경험을 한 후에 일상적인 즐거움으로부터 완전히 멀어져버린 사람도 있다. 영화를 보거나 음악을 듣거나 식당에서 식사를 하는 일조차 지금의 자신에게는 허락되지 않은 일이라고 느끼는 사람도 있다. 나는 자살이 일어난 후 몇 년 동안 모든 즐거움으로부터 완전히 멀어져버린 사람들을 만난 적이 있다. 뿐만 아니라 남편의 자살 후, 이가 아픈데도 '그 사람이 죽어버렸는데, 치과에 가서 치료를 받는다는 것이 용서되지 않는다.'

라고 느끼는 여성도 있었다. 유가족의 자책감이 이 정도까지 강해지면, 일상생활에 지장을 미칠 수밖에 없다. 실제로 중증이라는 것을 자각하고 있었음에도 불구하고 진찰도 치료도 받으려 하지 않은 끝에 치료가 늦어지는 일이 발생할 수 있다.

시간이 지나 사랑하는 사람이 자살했다는 상처를 극복한 것처럼 보여도, 어느 특정한 날이 오면 떠나간 사람이 생각나서 우울감, 불안감, 초조함을 다시 느끼는 경우도 있다. 그것은 고인이 생각날 만한 특별한 날이다. 예를 들면, 생일, 결혼기념일, 추억이 가득한 가족 여행을 한 날, 물론 자살이 일어난 날 등은 남겨진 사람에게는 슬픔이 새롭게 느껴지는 날이다. 이것은 '기념일 반응', '기일 반응'이라고도 불린다.

2차적 트라우마에 대해서도 설명이 필요할 것이다. 유대감이 강했던 사람이 갑자기 스스로 목숨을 끊고 말았다. 그것만으로도 상당한 충격인데, 타인으로부터 듣는 이야기 때문에 상처가 더욱 커질 수도 있다. 경찰관은 병으로 인한 사망인지, 사고사인지, 자살인지, 타살인지를 분명히 해야 하기 때문에 당연히 여러 가지 질문을 하게 된다. 그래서 자신이 살인범처럼 다뤄진다고 느끼는 경우도 있다. 혹은 지인이나 친척이 그저 선의의 말을 건네는 것도 2차적 트라우마가 될 수 있다. 예를 들면, 남편을 잃은 여성에게 무언가 말을 걸려고 하는데 지나쳐서, "아직 젊으니까 힘든 일은 얼른 잊어버리고 재혼해서 새 인생을 사세요. 몇 번씩 결혼하는 사람이 세상에는 많이 있으니까요."라고 말하는 사람이 있다. 그것이 얼마나 괴롭게 들릴 것인가. 이런 것이 바로 2차 트라우마인 것이다.

때로는 치료가 필요한 경우도

앞의 항에서 설명했듯이, 자살이 일어나면 유가족은 굉장히 강렬한 슬픔에 사로잡히게 된다. 확실히 대부분의 사람들은 시간이 지남에 따라 아픔으로부터 서서히 회복된다. 그러나 모든 사람들이 이러한 과정을 밟는 것은 아니다. 그 중에는 사랑하는 사람이 스스로 목숨을 끊고 오랜 세월이 지난 후에야 심각한 증상을 보이고 전문의 정신과 치료가 요구되는 사람도 있다.

유가족이 우울증, 패닉 발작(갑자기 강한 불안감에 사로잡혀 가슴이 두근거리고, 숨이 거칠어지고, 손발이 저린 현상), PTSD(무서운 상황이 갑자기 눈앞에 나타나거나, 악몽에 눈이 떠지거나, 감정이 얼어 버린 것처럼 되거나, 사소한 자극에도 격렬하게 반응하거나, 은둔형 외톨이로 될 수도 있음)등의 마음의 병에 걸릴 위험성이 높다. 그렇게 되면, 전문적인 정신과 치료가 요구된다. 또 최악에 경우는 남겨진 사람 본인도 자살 위험에 닥칠 수 있다.

그래서 사랑하는 사람을 자살로 잃은 후의 복잡한 마음을 있는 그대로 말할 수 있는 곳을 만드는 것이 중요하다. 그 상대로는 예전부터 모든 이야기를 털어놓았던 친한 친구나 신뢰할 수 있는 가족도 좋다. 자신의 생각을 처음부터 강요하는 사람이 아니라, 포용력이 있고 진심으로 이야기에 귀를 기울여줄 수 있는 사람을 고른다. 또 죽음의 문제에 대해 어떻게 대응을 하면 좋을지를 잘 알고 있는 성직자나 상담사를 대화의 상대로 선택할 수도 있을 것이다.

더욱이 우울증, 불안장애, PTSD 등 마음의 병에 걸릴 가능성이 높다는 것을 생각하면, 정신과 의사에게 상담하는 것도 반드시 고려해주기를 바란다. 사랑하는 사람의 자살을 경험한 사람은 마음의 병뿐만 아니라, 신체적 병에 걸릴 위험성도 높기 때문에 그런 의미에서 의사이면서 정신과 의사인 사람에게 상담을 받으러 가면 이점도 있을 것이다. 가족의 자살을 경험한 후 수진하러 온 사람 가운데 그 이후 지병이 악화되거나 암이 발병한 사례를 본 적이 있다. 이러한 경우에 정신과 의사는 의사로서의 입장에서 필요한 검사를 하거나 전문의를 소개해 줄 수도 있다.

확실히 마음의 병이 발병한 경우에는 그에 대응해서 약물요법을 실시할 필요도 있다. 그리고 그 이상으로 중요한 것은 아무에게도 말할 수 없었던 복잡한 마음을 중립적인 입장에서 일체의 비판 없이 경청하는 것이다. 이미 설명한 것처럼 유대감이 깊었던 사람이 자살하는 경험을 한 사람들은 단순히 슬픔만으로 절망하고 있는 것이 아니다. 일상생활에까지 지장을 받을 정도로 여러 가지 복잡한 감정에 휩싸이고 있는 것이다. 고인에게 분노를 느끼고 그러한 감정을 가졌다는 것에 대해 자기 자신을 자책하는 경우도 있다. 그러한 강렬하고 복잡한 마음을 조용히 그대로 받아들여 줄 수 있는 사람에게 있는 그대로의 이야기를 해주는 것이 중요하다. 또한 모든 것을 한 번에 이야기함에 따라 발생하는 위험도 있지만, 그러한 점에 대해서도 정신과 의사라면 충분히 알고 있을 것이다. 어느 시기에 어느 정도의 감정을 표출하는 것이 본인에게 치료일 수 있는지, 애도 작업(grief work)에 경험이 풍부한 정신과 의사라면 수진하러 온 사람의 상태에 맞춰서 대응할 수 있다.

《증례 5》 43세. 여성. 남편의 자살 후에 수진

이 여성은 아무에게도 말하지 않은 채, 마음속에 쌓아뒀던 것을 정리하고 싶다는 생각으로 남편이 자살하고 5년 후에 처음으로 정신과에 수진하러 왔다.

초진

그녀는 처음으로 내원한 날, 어디서부터 이야기를 하면 좋을지, 어느 정도까지 이야기하면 좋을지 잘 모르겠다고 말했다. 가끔 손수건으로 눈가를 닦으면서 단편적으로 이야기하기 시작했다. 전체적으로 파악하기는 어려웠지만, 아직까지 남편의 죽음으로부터 완전히 회복되지 않았다는 것만은 분명했다. 그렇게 1시간이 금세 지나갔다. 진찰이 끝나기 전에 나는 다음과 같이 말했다. "오랫동안 고생해왔던 것을 한 번에 모두 이야기해버릴 수는 없습니다. 앞으로 시간을 갖고 이야기를 듣고 싶습니다. 오늘은 정말로 진료에 잘 응해주셨습니다. 당분간 외래진료를 받으시겠습니까?"

이 여성은 나의 제안에 동의했고, 일주일에 한 번씩 외래진료를 받기로 했다. 수진을 하면 할수록 점차 남편의 사후 5년간을 되돌아보게 되었다.

지금까지의 반평생

여러 번의 면담 후, 이 여성의 반평생이 서서히 드러나기 시작했다. 지극히 평범한 생활을 하면서 별일 없는 것이 행복한 인생이라고 자신을 타일러왔던 삶이었다고 말했다.

　세 자매의 장녀로 자라나, 중, 고등학교 시절에는 배구 선수로도 활동하는 등 젊은 시절에는 신체 활동하는 것을 좋아했었다. 스타선수는 아니었지만 다른 사람들 속에서 공을 쫓아다니는 것만으로도 하루하루가 생기 넘쳤었다. 아버지의 조언에 따라 전문대학의 가정과에 진학했다. 대학을 졸업하자마자 바로 취업했다. 거기서 8살 연상인 남성과 만나 결혼했다. 나이차이가 나는 것을 걱정하는 친척도 있었지만, 자매끼리만 자랐던 이 여성에게는 친오빠가 생긴 것 같은 느낌이었고 의지할 수 있는 남편이었다. 결혼과 동시에 가정주부가 되었지만 아무런 불만도 없었다.

　둘 사이에 아이는 없었지만, 그만큼 언제까지나 연인 같은 부부사이 덕분에 주변 사람들로부터 부러움을 샀고 본인들도 만족하고 있었다. 결코 사치스러운 생활을 했던 것은 아니지만, 1년에 한 번은 부부끼리 해외여행을 하는 것이 유일한 낙이었다.

남편의 좋지 않은 몸 상태

　아내를 소중히 대하면서도 열심히 일했던 남편이었다. 나이를 생각해서라도 슬슬 부장으로 진급하는 것을 기대하고 있던 시기로, 남편은 열심히 일하고 있었다. 그런데 어떻게든 힘이 되어 주었던 상사가 파벌싸움에서 패하기도 하였고 우연히도 그 때에 회사 전체가 휩쓸리게 된 불상사가 발각되었는데 그 책임을 남편이 지게 되었다. 본의 아니게 자회사로 좌천되었다. 그래도 아무런 불만 없이 회사 명령에 따랐다.

새로운 직장에서도 예전처럼 열심히 일하던 남편이었다. 새로운 직장은 편도로 2시간 반이나 걸리는 곳에 있었다. 아이가 없는 부부이기 때문에 집을 팔거나 임대주택을 빌려서 회사 가까이에 함께 이사 가자고도 제안했지만, 남편은 겨우 장만한 집인데다 장거리 통근도 힘들지 않다면서 거절했다. 자회사에 파견된 것은 말하자면 편도차표만을 사서 가는 것과 같다고 각오하고 있던 것 같았다. 어떻게든 다시 기운을 차리려고 했지만, 예전만큼 보람을 느끼지는 못하는 것 같았다. 파견된 회사에서도 남편의 권한은 거의 없었고, 주위 사원들과의 오가는 관계도 힘들었던 것 같았다.

몇 개월 사이에 홀쭉해졌고 불면증에 시달리고 있었기 때문에 잠을 잘 못 자게 되었고 그래도 자려고 주량을 늘려나갔다. 휴일에도 집에서만 누워 있을 때가 많아졌고, 둘이서 산책이나 쇼핑을 가는 일도 거의 없어져버렸다. 깊게 한숨을 쉬는 일도 많아졌다. 남편의 아버지와 형은 암으로 돌아가셨기 때문에, 뭔가 중병에 걸린 것이 아닐까 걱정이 되어서 병원에 가자고 여러 번 말했지만, 남편은 "괜찮다"고 반복만 할 뿐이었다. 꽤 강하게 말하면 남편은 결국 화를 내버렸다. 평소의 남편은 온화한 사람이었고 결혼한 후에도 화를 내는 일이 거의 없었기 때문에 매우 놀랐었다.

그런 상태로 남편은 출근을 계속하고 있었다. 매일 밤 막차시간이 가까워져야 귀가하는 일이 이어졌다. 그러다 아무리 해도 일이 끝나지 않아 회사에서 자야한다고 전화가 오는 날도 종종 있었다.

남편의 자살

어느 월요일 아침, 일어나보니 남편은 이미 일어나 있었다. 그의 모습을 보니 밤새 잠을 자지 못했을지도 모른다는 생각이 들었다. 남편이 아침식사를 준비해줬다.

"신혼 때는 내가 아침밥을 준비했던 날도 있었지"라고 말하면서 식탁에 앉았다. 최근 몇 달 동안의 지친 모습과는 전혀 다르게 그날 아침만은 묘하게 평온한 표정이었다. 남편은 미소를 잃지 않고 내가 식사하는 모습을 보기만 할 뿐, 자신은 식사에 손도 대지 않았다.

그리고는 양복으로 갈아입고 출근을 했다. 평소에는 아내가 골라준 옷을 그대로 입고 출근했는데, 그날따라 넥타이를 다시 골라 아내에게 결혼 후 첫 생일선물로 받았던 넥타이를 하고 나갔다. 그리고 현관에서 마중 나온 아내에게 평소처럼 "다녀올게"라는 말과 함께 "고맙다"고 말을 덧붙이고는 나갔다.

밤이 되도 남편은 귀가하지 않았다. 약간의 불안감을 느끼고는 있었지만, 야근 중이라 전화 하는 것을 잊어버리고 일하고 있을 것이라고 스스로를 다독였다(당시는 휴대전화가 보급되지 않았었다). 다음 날 아침 9시에 바로 회사에 전화를 했더니 남편은 전날부터 출근하지 않았었다고 했다.

　여성은 바로 회사로 달려가서 상사를 만났고, 이제까지 남편이 2번이나 무단결근했었다는 사실을 알게 되었다. 또한 남편이 거의 매일같이 늦게까지 야근했던 것에 대해 상사에게 묻자, 일의 양이 다른 사원에 비해 많았던 것도 아니었고, 오히려 능률이 떨어진다는 평가를 받고 있었단 사실을 알게 되었다. 회사에서도 다른 사원과 사귀는 일이 거의 없었다고 했다. 피해를 입은 쪽은 오히려 회사 쪽이라는 반응이었다.

　"다 큰 어른의 일이고 크게 소란을 피우면 오히려 본인도 돌아오기 어려워진다"라고 말하면서 바로 경찰에 실종신고를 내는 것은 삼가달라는 듯이 이야기했다. 게다가 "매년 몇 만 명이 가출한다는 기사를 봤는데, 부인과의 관계는 어떻습니까?"라고 역으로 물어왔다.

　직장에서는 아무런 도움도 받지 못한 채 불안해하면서 귀가했다. 며칠 동안 전화기 앞에서 한숨도 못 잔 채 남편의 연락을 기다렸다. 결국 판단을 내려 경찰서에 실종신고를 접수시켰다. 실종 된지 2주 후에 동북지방의 어느 경찰서로부터 최악의 소식이 전해졌다. 한 등산객이 산 속에서 우연히 남편의 시신을 발견했다는 것이었다. 아내에게 휘갈겨 쓴 유서도 발견되어 자살로 판명되었다.

시댁과의 관계

　차갑게 변해버린 남편의 시신을 받아 조용히 장례를 치렀다. 회사에서는 총무과 몇 명만이 장례식에 찾아왔을 뿐이고 그것이 남편에 대한 대우인가 라고 생각하며 분노를 느꼈다. 본사에서는 예전의 상사였던 한 명만 대표로 참석했던 쓸쓸한 장례식이었다.

여성은 남편의 자살이 자신의 책임이라고 계속 자책했다. 평소의 남편 모습과는 분명히 달랐다는 것을 알고 있었다. "남편이 거절했더라도 왜 끝까지 병원에 데려가지 않았을까?"라고 후회했다. 또, "왜 좌천된 회사 근처로 같이 이사를 가지 않았을까?"라고 후회하기도 했다.

남편의 친척들로부터는 "곁에 있었으면서 자살을 왜 막지 못했느냐?"와 같은 심한 말을 듣기도 했다. 본인도 자책하고 있던 부분이었다. 그 후, 남편의 가족과는 연락이 거의 끊겼다.

정신과 수진

그 후, 여성은 완전히 혼이 나간 사람처럼 변해 버렸다. 다행이 여동생 부부가 가까운 동네에 살고 있어서 자주 안부를 물으러 와줬다. 빈 방이 있으니까 같이 사는 것은 어떠냐는 제안도 받았지만, 여성은 주위에 폐를 끼칠 수는 없다고 계속 거절했다.

남편의 자살 직후에 여성 자신도 우울증 증상을 보인 적이 있지만, "남편은 더 힘들어했었는데, 내가 힘들다고 해서 진료 같은 것을 받을 수는 없다"라고 생각하며 견디고 있었다. 한동안은 집에서 누워만 있었고, 가끔 여동생이 갖다 주는 식사를 먹을 뿐이었다. 항상 남편이 있는 곳으로 떠나고 싶다는 생각만

했다.

그래도 반년 후부터는 근처 슈퍼마켓의 파트타임으로 겨우 나갈 수 있게 되었다. 그렇다고 해도 자신의 인생은 무엇인가라는 생각에 사로잡히기도 했지만, 바쁘게 일을 하면서 마음은 혼동된 상태였다.

그렇게 남편의 자살로부터 5년 지났다. 아직까지도 정리할 수 없는 마음을 안고 정신과에 수진하기로 결심했다고 한다.

남편이 죽은 후 한동안 불안장애나 우울증 증상을 보이던 시기가 있었던 것은 분명했다. 갑자기 강한 불안감을 느끼거나, 심장이 두근거리거나 과다호흡 등의 패닉 발작도 일어났다고 한다. 또, 식욕을 잃어버려 단기간에 몸무게가 갑자기 줄어들었던 일도 있었다고 한다. 남편의 자살에 대해 계속해서 격하게 자책을 했던 것이다. 그렇게 전문적인 치료도 받지 않은 채 여동생 부부의 지원만으로 어찌어찌 위기를 넘겨왔던 것이다.

겨우 정신과에서 수진하러 왔을 때는 증상이 많이 안정되어 있었고, 즉시 약물요법을 사용하기 보다는 오히려 정리하지 못하고 있는 문제에 대해 천천히 경청해 주는 것이 정말로 이 여성에게 필요한 일이라고 판단을 내렸다. 그래서 그녀가 지금까지 아무에게도 토로할 수 없었던 복잡한 마음이나 의문을 들어주는 것에 전념했다. 복잡한 감정을 느끼는 것은 오히려 자연스러운 반응이며, 그것을 인정하고 솔직하게 표현하는 기회를 주려고 한 것이다.

여러 차례 외래진료를 받으면서 그녀의 복잡한 마음 중 몇 가지는 서서히 정리되어갔다. 지금도 남편의 자살에 대해 자책하고 있는 상태였고, 그 감정은 다음과 같은 말로 나타났다.

"남편이 힘들어하고 있던 사실을 저는 알고 있었습니다. 그런데 아무것도 하지 않았어요."

"억지로라도 병원에 데려갔어야 했어요."

"자살한 것은 그의 고민을 받아주지 못했던 저의 탓입니다."

"제가 일방적으로 남편에게 의지하고 있었고, 남편은 혼자서 무슨 일이든 할 수 있다고 생각했었습니다. 남편이 힘들어하고 있을 때 저는 힘이 되어주지 못했습니다."

"마지막 날 오랜만에 아침밥을 만들어줬던 것도, '고맙다'고 말을 하고 나갔던 것도 신호였습니다. 저에게 무엇인가를 필사적으로 전하려고 했었습니다. 그러나 아무 것도 눈치 채지 못했습니다."

"체면 따위 생각하지 말고 바로 실종신고를 했다면, 남편이 살아 있을 때 찾을 수 있었을지도 모릅니다."

또 자책감과 함께 "왜 나 혼자만 남기고 죽었는지" "그렇게 힘들었다면 나도 함께 데려갔으면 좋았을 텐데"라고 남편에 대한 비난의 감정을 느끼기도 했다. 물론 "죽은 남편에게 이런 마음을 갖는 나는 이기적인 사람이에요. 아마도 그래서 남편은 혼자 자살해버렸을 거예요."라고 재차 자책감을 느끼는 일도 자주 있었다.

남편이 자살한 직후에는 회사의 대응에 강한 분노를 느껴 소송을 거는 일까지 생각했었다. 실제로 회사에서 무슨 일이 일어낳었는지 알고 싶다는 생각도 강하게 들었다. 피해를 입은 쪽은 회사 쪽이라고 말하던 상사의 말을 떠올리면 지금도 강한 분노를 느꼈다. 변호사에게 상담도 했지만 승산이 없다는 것을 듣고 소송은 포기했다. 그러나 회사에 대한 불신은 지금도 강하게 남아 있었다.

남편이 죽은 직후 충분한 도움도 주지 못하면서 심한 말만 해대던 남편의 친척들에 대해서도 불신감이 강해졌고, 그 후 왕래도 없게 되었다. 또 어떤 친척은 "아직 늙은 나이는 아니니까 재혼을 생각하는 것은 어떤가. 혼자서 노후를 보내는 것은 힘든 일이다."라고 말했던 것도 조심스럽지 못한 발언이라고 생각해 화가 난적도 있었다.

지금도 남편을 완전히 잊지 못하고 있다. 동네를 지나다가 남편과 비슷한 헤어스타일이나 비슷한 모습을 한 사람이라도 보이면, 남편이 아닐까 하고 자신도 모르게 그 사람을 눈으로 쫓는다. 남편이 이 세상에 없다는 것을 알고 있지만 무의식중에 그 모습을 쫓아 버린다. 집에 있을 때면 그의 기척이 느껴질 때가 자주 있고 나도 모르게 말을 걸고 있을 때도 있다.

어떻게든 남편을 잊어보려고 새로운 생활을 시작하려고도 했지만, 역시 어떤 특별한 날이 가까워지면 다시 슬픔이나 불안감에 사로잡힌다고 한다. 특히 남편의 기일이나 결혼기념일, 둘이서 해외여행을 했던 계절이 다가오면 더 심해졌다.

최근에 들어서야 겨우 극복할 수 있게 되었다고 생각했었지만, 사후 지극히 일상적인 세상의 즐거움을 누리는 것 마저 자신에게는 허락되지 않는다고도 말했다. 영화를 좋아하는 여성이었지만, 남편 사후에는 한 번도 영화관에 가지 않았다.

남편과의 사별로 인한 슬픔뿐만 아니라, 이 여성에게는 "나의 인생은 도대체 무엇이었을까?"라는 생각도 강했다. 남편이 있어야만 인생의 의미가 있고, 남편이 없는 인생 따위는 아무런 의미도 없다고 생각했다. 앞으로의 인생을 살아가는 의미까지 완전히 잃었다고 생각한 시기도 있었다고 했다.

요즘에서야 겨우 "내가 따라서 자살하는 것이 과연 남편이 원하는 것일까?" "만약 그렇다면 함께 죽자고 했었을 것이다" "나마저 자살해버리면 누가 남편의 묘를 지킬 것인가?"라는 생각이 들기 시작했다고 한다.

지금도 남편의 죽음에 대해 여러 가지 생각을 하고 있다. 언젠가 문득 전문대 시절의 은사를 찾아가보자는 생각이 들었다. 불교계열의 전문대학이었기 때문에 담당 교수님이 스님이셨다. 대학을 졸업한지 오랜 시간이 지나 교수님도 나이를 많이 드셨지만, 온화한 모습으로 맞아주셨고 지금까지의 일을 조용히 귀를 기울여 주셨다.

그리고 교수님에게서 한 가지 제안을 받았다. 다음번에는 대학이 아니라 교수님의 절을 방문해달라는 것이었다. 지금까지 당장 남편에게 전하고 싶은 것이라면 무엇이든 괜찮으니까 써오라고 제안을 하셨다. 지금까지의 마음, 지금 전하고 싶은 것, 어떤 일이라도 좋으니 남편이 들어 주었으면 하는 일을 써오라는 것이었다. 그 편지가 완성되면 절로 찾아오라고 다정한 말투로 말해주셨다. 이것저것 쓰고 지우다 보니 편지가 찢어지기도 했지만 또 다시 쓰기 시작했다. 한 달 이상이 걸려 겨우 편지를 완성할 수 있었다. 그리고 절을 찾아갔더니 승려복의 교수님이 온화하게 맞아주셨고 법당으로 들어갔다. "그러면 편지를 받겠습니다. 제 뒤에 앉아 주세요. 이 편지가 남편에게 전달되도록 경을 읽겠습니다." 교수님의 독경 소리를 들으면서 눈을 감았더니 여러 가지 생각이 떠올라 눈물이 흘렀지만, 아주 평온해지는 기분이 들었다. 얼마나 시간이 지났을까 독경이 끝나자 교수님은 "또 뭔가 남편에게 전하고 싶은 말이 생기면 언제든지 편지를 써서 갖고 오세요"라고 말해주셨다(이 이야기를 듣고 필자의 마음도 씻기는 느낌이 들었다. 일본에서는 장례불교라고 야유하며 종교인을 경시하는 풍조가 강하지만, 이 주지스님처럼 장례 작업을 자연스럽게 도와주는 종교인도 실제로 존재한다).

이렇게 병으로 인한 죽음, 사고사보다 자살이 초래하는 심리적인 반응은 복잡해지기 쉽다. 이 여성은 최근 들어서야 필사적으로 "이제 남편 일은 잊자", "빨리 다시 일어서야 한다", "주위 사람들이 말하는 것처럼 언제까지나 남편만을 기억하고 있으면 남편도 성불하지 못한다"와 같은 생각을 하고 있다. 그러나 유대감이 강했던 만큼 유가족의 감정도 강렬해진다. 슬픔은 넘어야 할 것이 아니라 계속해서 슬픔을 느끼는 것이 고인에게 공양이 된다고 생각하는 것은 어떨까 하고 나는 이러한 상황에서 자주 말한다.

또 내가 자조그룹에 대해 말했더니 이 여성도 관심을 보였다. 억지로 참여할 필요는 없고 처음부터 모든 것을 고백할 필요도 없으니까, 몇 번 분위기를 본 뒤에 맞는 것 같으면 정식으로 참여하는 것이 어떻겠느냐고 제안했다. 처음 몇 번은 참석자들의 이야기에 귀를 기울이기만 했다고는 하지만, 그러는 가운데 매주 모임에 참석하게 되었고 모임 후에는 다른 참가자들과 함께 차를 마시면서 담소를 나누는 관계로 되었다고 한다. "비슷한 마음을 갖고 있는 사람이 저뿐만 아니라는 것을 아는 것만으로도 마음이 아주 편해졌습니다. 자신을 계속 질책하고 있는 사람이 이만큼 많으리라고는 생각지도 못했습니다."라고 어느 날 면담할 때 말했던 적이 있다. 면담은 1년 동안 계속됐다. 대증요법(symptomatic treatment)적으로 수면제나 항 우울제를 사용한 적도 있었지만, 중심이 된 것은 그녀의 복잡한 마음을 받아주는 것이었다. 물론 남편에 대한 마음 자체는 변하지 않았다. 그러나 서서히 마음이 정리되는 것 같았다. 일하는 시간 이외에는 지역의 배구동아리에 들어가 몸을 움직이고 때로는 땀을 흘리려고 노력하고 있었다. 고등학교나 대학 시절의 친구와 만나보자는 생각도 들게 되었다.

이 여성의 장례 작업을 맡아준 교수님의 역할도 컸다. 남편 앞으로 된 편지는 여러 통이 되었고, 그것을 교수님이 계신 곳에 가져가 독경을 통해 무엇보다도 공양이 된다는 생각을 하게 되었다. 그 편지를 씀으로써 마음이 정리되는 데 도움이 되었고, 누군가가 읽어 주기를 바라는 것은 아니지만, 그것을 책으로 정리해볼까 하는 계획도 고려하고 있다.

이렇게 자기표현이 가능한 사람은 사별의 고통으로부터 다시 일어서기 위한 효과적인 수단을 갖고 있다. 수기를 정리하거나, 그림을 그리거나, 악기를 연주하는 등의 형태로 슬픔을 표현함으로써 자살이라는 충격적인 경험에서 회복한 사람들을 나는 여러 명 만난 적이 있다.

남편의 죽음 직후에 정신과로 수진하러 왔다면, 또 다른 전개로 이어졌을지도 모른다. 누군가에게 진심을 고백할 수 있게 되기까지 그 이상의 시간이 필요했을지도 모른다. 정신과 의사가 했던 역할보다 은사인 승려, 여동생 부부, 자조그룹의 친구들의 역할이 훨씬 더 컸는지도 모르겠다.

어느 정도 마음의 정리가 되었다고 느꼈던 단계에서 이 여성은 심리요법의 종료를 제안했다. 남편의 죽음을 완전히 잊거나 그 고통을 100% 극복하는 것은 불가능할 것이다. 그러나 어느 정도 마음의 정리를 할 수 있게 되었다고 나도 판단했기 때문에, 다시 괴로운 생각에 사로잡힐 것 같으면 언제든 연락하고 찾아온다는 약속을 받고, 양측의 동의하에 일단 면담을 종료하기로 했다.

4. 싹 트기 시작한 자조그룹

현재는 여러 가지 문제에 대한 자조그룹이 존재한다. 이전부터 잘 알려져 있는 자조그룹으로는 금주회(禁酒會)가 있다. 알코올 의존증을 앓고 있는 사람들이 서로 의지하여 금주하고 사회생활이 가능하도록 만들려는 모임이다. 그 이외에도 최근에는 우울증이나 조현병을 앓고 있는 사람들의 자조그룹이 있으며 그 가족을 지원하는 그룹도 있다. 도박 중독이나 학대에 시달리고 있는 사람들의 자조그룹도 있다.

자살과 관련된 자조그룹의 경우, 일본에서는 자살을 금기시하는 경향이 여전히 강하기 때문에, 자살에 관련된 자조그룹의 형태로 서로 의지하려는 움직임이 좀처럼 나타나지 않았다. 소중한 사람을 자살로 잃은 유가족이 나에게 상담하러 온다. 치료의 결과, 상태가 개선되었다고 실감할 수 있던 사람들에게는, 이 경험을 혼자서 안고 있지 말고 같은 고민을 하고 있는 사람들과 나눠보는 것은 어떠냐고 제안했던 것이 한두 번이 아니었다. 그러나 "이것은 개인적인 문제입니다. 선생님이기 때문에 상담하러 왔던 것입니다. 다른 사람에게 이야기해봤자 이해해주지 못할 겁니다."라는 반응이 일반적이었다.

요즘에 들어서야 일본에서도 자살로 인해 남겨진 사람들이 자조그룹을 만들어 서로 의지하려는 움직임이 조금씩 나오기 시작했지만, 아직은 겨우 그 싹이 튼 정도일 것이다.

미국의 자조그룹

미국 등에서는 자살과 관련된 자조그룹의 활동이 활발하다. 그들은 정부나 행정기관이 먼저 움직이기를 기다리지 않는다. 우선 자신들이 할 수 있는 범위 내에서 "지금, 여기서" 무엇을 할 수 있는지에 대해 대중운동을 전개한다. 유가족들이 안고 있는 문제나 증상에 대한 소책자를 만들어 배부하고, 정규적으로 자택에서 모임을 열고 유족들이 사별했던 경험을 나눌 수 있는 기회를 제공하는 사람들이 전국 각지에 있다.

자신과 같이 사랑하는 사람을 자살로 잃은 사람들이 버팀목이 되어주려고 노력한다. 그리고 자원봉사로 누구의 도움도 받지 않고 우선 자신이 할 수 있는 것이 무엇인지를 생각한다. 컴퓨터로 소책자를 만들고, 그 안에는 자살 위험이 높은 사람의 특징을 알기 쉽게 해설한 것이 적혀있다. 자조그룹의 모임 날짜나 전화번호도 적어 둔다. 그 소책자를 지역 신문사, 병원, 경찰서, 장례식장, 커뮤니티센터 등에 보낸다.

이런 활동은 어디까지나 좋은 이웃의 범위를 넘어서면 안 된다고 생각한다. 얼마나 힘든 경험을 했는지를 비슷한 경험을 했던 사람들에게 들려주는 것이 가장 중요하다는 것이다. 그룹에 참여하는 것은 각자의 자유지만, 확실하게 우울증에 걸려서, 치료가 필요한 사람에게는 우선 치료를 받도록 조언하고 있다. 물론 치료를 받으면서 담당의사의 조언 하에 자조그룹에 참여하고 싶어 하는 사람은 환영한다.

이러한 자조그룹에는 전문가가 동석하지 않는 것이 원칙이다. 가끔 지역의 전문가를 초대해서 함께 차를 마시며 마음의 병이나 자살 예방에 대해 이야기를 나누는 일도 있기는 하지만, 어디까지나 활동의 주체는 사랑하는 사람을 자살로 잃은 사람들 자신인 것이다. 전문가로서의 의견도 중요하지만, 역시 전문가와 비전문가의 대화는 엉뚱한 방향으로 흘러갈 가능성이 높다. 귀중한 지식이나 의견을 뒷받침해줄 수는 있겠지만, "나와 같은 괴로움을 경험했을 리는 없다"는 생각도 솔직히 남겨진 사람들의 마음속에는 언제나 떠오를 수 있기 때문이다.

언제, 어떤 식으로 자조그룹에 참여할까

나 자신도 어느 자조그룹의 참관인으로 참여한 경험이 있다. 나는 어디까지나 참관인이었고 대화 양상을 밖에서 지켜볼 뿐이었다. 매번 모임이 시작할 때마다 자기소개를 하기 때문에 나는 정신과 의사라는 것은 밝히고 참가했다. 그래서 가끔 참가자들로부터 질문을 받는 경우도 있었지만, 원칙적으로는 대화에 참여하지 않고 그 흐름만을 지켜봤다.

그 그룹의 목적은 사별의 고민이나 괴로움을 나누는 것이었다. 따라서 사랑하는 사람을 병, 사고, 자살로 잃은 사람과 참가자의 경험은 다른 것이었다. 대부분의 참가자들은 질병으로 가족을 잃은 사람이었다. 가끔씩 사고나 자살로 가족을 잃은 사람도 참가했다.

역시 체험을 어느 정도 공유할 수 있는 균일한 그룹이 아니라면,

좀처럼 솔직한 의견을 나눌 수 없는 것은 아닌가 하는 생각이 든다. 그 정도로 사랑하는 사람을 자살로 잃은 사람의 정신적인 타격은 너무나도 가혹한 것이었다.

"실은 저는 남편을 자살로 잃었습니다"라는 말 한 마디로 그때까지 여러 의견을 내고 있던 사람이 갑작스럽게 입을 다물어버리는 경우도 몇 번 있었다. 그만큼 자살이 미치는 영향력은 강하고, 그것을 솔직하게 말하는 것에도 강한 저항감을 느끼는 것 같다. 사랑하는 사람을 병으로 잃은 사람끼리라면 솔직하게 이야기할 수 있을지 몰라도, 사고나 자살로 소중한 사람을 잃은 사람이 포함되어 있으면 좀처럼 솔직한 감정을 표현하거나 경험을 나누는 데까지는 가기 어렵다는 인상을 받았다. 이것으로는 자조그룹이 가져다주는 효과를 기대할 수도 없는 것이다.

종종 어떠한 그룹이 좋은가 하는 질문을 받는데, 집에서 비교적 가깝고 그다지 많은 노력을 들이지 않고도 참가할 수 있는 자조그룹을 권하고 싶다.

어디에 가면 자신에게 적합한 자조그룹이 있는지 찾는 것도 꽤 어려운 문제다. 각 도도부현에 설치되어 있는 정신보건복지센터는 의료기관에 대해서는 정확한 정보를 가지고 있지만, 자조그룹에 대해서는 적절한 정보를 가지고 있는 곳이 많지 않다. 또 인터넷상에서 지원하는 그룹도 있기 때문에 컴퓨터를 잘 다룬다면 인터넷에서 찾아보는 것도 좋은 방법일 것이다.

자조그룹에 참여하는 것만으로도 많은 도움을 얻는 사람도 있겠지만, 그것이 만능 처방전은 아니다. 자조그룹의 한계를 아는 것도 그룹을 조직하는 사람의 책임일 것이다.

누구에게나 딱 맞는 자조그룹이 존재하는 것은 아니다. 무엇보다 해당 자조그룹이 자신에게 맞는지를 잘 생각한 후에 참가하기 바란다. 자조그룹에 참여하는 것만으로 사별의 아픔을 극복하는 사람도 있지만, 반대로 본격적인 정신과 치료가 아니라면 오히려 심각한 영향을 받는 사람도 있다.

또 처음부터 바로 자로그룹에 참여할 필요도 없다. 자신과 같은 경험을 한 사람의 이야기를 들을 마음의 준비가 되고나서 참여해도 늦지 않다. 이미 정신과에서 수진하고 있다면 자조그룹에 참여하는 것에 대해서 담당의사에게 조언을 구하기 바란다.

그리고 본격적으로 자조그룹에 참여할지 여부를 결정하기 전에, 그러한 그룹에 몇 번 참가해보고 그 분위기를 느껴보는 것도 좋다. 여러 번 참가해 보고, 리더격인 사람이 너무 강한 발언권을 갖고 있는 것에 저항감을 느꼈다면, 그대로 계속 참석할지에 대해서 잘 생각해보는 것이 좋을 것이다. 어디까지나 자주적인 참가이기 때문에 강한 저항감을 느끼면서까지 무리해서 계속 참가할 필요는 없다. 참가하고서 나름대로 무언가를 얻을 것이 있다고 느꼈다면 계속해서 참가하면 된다.

또 처음부터 발언을 할 필요도 없다. 이야기를 잘하는 다른 참가자에게 이끌려서 첫 모임부터 자신도 모르게 이야기를 많이 해버리고 모임이 끝난 뒤에 심하게 우울감을 느끼는 사람도 있다. 처음에는 조용히 다른 멤버들의 이야기를 듣는 것만으로도 충분하다. 마음의 준비가 되고 자신도 이야기를 해보겠다고 자연스럽게 느끼게 되었다면 그때 말을 하면 된다.

필요하다면, 지금은 정신과 치료도 병행하며 받을 수 있도록 하고 그리고 적절한 조언을 해줄 수 있는 그룹이었으면 좋겠다. 반대로 자신의 경험을 처음부터 이야기하도록 강요하는 분위기의 그룹일 경우는 극복하는 데 방해가 되고, 도와줄 수 있는 곳이 되지 않을 수도 있다.

자조그룹은 어디까지나 자주적인 활동이어야 한다. 약간의 모임 비용이나 간식 비용을 걷을 수는 있겠지만, 치료비로 착각될 정도의 요금을 청구하거나 고액의 책이나 자료를 사도록 강제하는 곳에는 절대로 참여해서는 안 된다. 또 특정한 사상이나 신조를 강요하는 것 같은 그룹도 논외로 한다.

5. 사후개입(postvention)은 다음 세대의 1차예방(prevention)

본 장에서는 불행히도 자살이 일어났을 때, 남겨진 사람들에 대한 케어인 사후개입에 대해 언급해왔다. 최근에는 흉악범죄나 대규모 사고가 발생하면 전문가가 현장에 직접 나가 피해자나 재해민의 마음을 케어하는 것이 지극히 당연한 일이 되었다.

나는 자살에 관해서도 이러한 흐름으로 되는 것이 당연한 것이라고 생각한다. 흉악범죄나 대규모 사고가 일어났을 때 이상으로 자살은 남겨진 사람들에게 심각한 타격을 미친다. 따라서 자살이 일어난 후에도 직장, 학교, 병원 등 현장의 특징에 맞춘 케어가 필요하다. 그리고 가장 충격이 큰 유가족에 대해서는 개별 케어가 필요하게 된다.

　연간 자살자 3만 명을 넘어서는 상황이 지속되고 있는 일본에서는 자살예방에 전력을 다하는 것이 당연하다. 그리고 이제야 국가 차원의 예방 대책도 이뤄지기 시작했다. 그러나 아무리 노력해도 3만 명 이상의 자살자를 곧바로 0으로 만드는 것은 불가능하다. 그래서 불행하게 자살이 일어나버렸을 때는 남겨진 사람들에 대한 케어인 사후개입이 필요하다. 사랑하는 사람의 자살을 경험한 사람 그 자신의 자살률은 그러한 경험이 없는 사람의 자살률보다 훨씬 높았다. 따라서 사후개입은 장기적인 관점에서 다음 세대의 1차예방이라고도 할 수 있다. 자살을 금기시하는 것이 아니라 문제를 정면에서 마주하고 해결책을 찾으려는 태도야말로 바람직할 것이다.

자살예방

●●●

　일본에서는 연간 자살자수가 3만 명대인 상황이 1998년 이후 계속되고 있다. 최근 들어 국가 차원의 자살 대책이 시작하고, 2006년 6월에는 자살대책기본법이 국회에서 통과되었다. 기본법에서는 자살예방을 사회 전체의 문제로서 대처해가야 한다고 말한다. 본서에서 설명한 1차예방(prevention), 위기개입(intervention), 사후개입(postvention) 등 자살예방의 기본 개념이나 메디컬 모델과 커뮤니티 모델을 연계하여 실시할 필요성에 대해서도 기본법에 담겨져 있다.

　기본법이 설립된 것은 매우 기쁜 일이지만, 이는 자살예방을 향해 내딛은 작은 첫 걸음에 불과하다. 자살예방을 일과성으로 끝내지 말고, 우리 한 명 한 명의 문제로 인식하여 끈기 있게 장기적으로 예방활동에 대처해야만 기본법에 혼을 불어넣을 수 있는 것으로 될 것이다.

　자살의 배후에는 많은 경우, 마음의 병이 잠재되어 있다. 치료법이 있음에도 불구하고 지금도 편견이나 올바른 지식이 부족하기 때문에, 적절한 치료를 받지 못한 채 최후의 행동에 이르는 사람이

●●●

끊이지 않고 있다. 마음의 병을 이른 단계에서 발견하고 적절한 치료를 실시하는 것으로 자살을 막을 수 있는 여지는 충분히 남아 있다.

나는 정신과 의사이지만 그렇다고 마음의 병의 조기 발견과 적절한 치료만으로 모든 것이 끝난다고는 생각하지 않는다. 자살의 주제어는 '고립'이다. 곤란했을 때는 누군가에게 도움을 요청해도 괜찮다. 오히려 그것이야말로 적절한 대응이라는 점을 강조하고 싶다. 이 책을 읽어주시는 분들은 반드시 자신이 궁지에 내몰리는 상황에 빠지기 전에 그러한 상황과 만나게 되면, 누구에게 상담을 받을 수 있을 것인지를 생각해보기 바란다. 반드시 당신을 걱정하고 어떻게든 도움의 손길을 내밀고자하는 누군가가 주위에 있을 것이다. 자살 위기란 그러한 사람이 전혀 없다고 믿어버리는 상황 그 자체인 것이다.

다만 자살예방에 전력을 다해야 하는 것은 당연하지만, 연간 3만 명을 넘어서는 자살자를 지금 당장 제로로 만드는 것은 비현실적인 목표이다. 따라서 자살예방 대책을 실시함과 동시에 불행히도 자살이 일어나버렸을 때에는 남겨진 사람들에 대한 케어도 매우 중요한 과제가 된다.

자살예방은 의료계만의 문제가 아니라 사회 전체가 공유해야 하는 생명의 가치관이나 장래의 희망과도 크게 관련된다. 이 책이 일

● ● ●

본의 실태를 그려내고 자살예방에 대한 올바른 지식을 전하는 데 조금이라도 도움이 된다면 다행이다.

　마지막으로 이 책을 기획해주시고 편집에도 많은 도움을 해주신 이와나미서점 신서편집부의 오타 준코(太田順子)씨에게 깊은 감사를 드린다. 오타씨의 도움이 없었다면 이 책의 출판은 이뤄지지 못했을 것이라는 점을 덧붙이고 싶다.

2006년 6월
다카하시 요시토모

저자 소개

다카하시 요시토모(高橋祥友)

1953년, 동경 출생. 1979년, 가나자와(金沢)대학 의학부 졸업. 의학박사, 정신과 의사. 1987년부터 1988년까지 풀브라이트 연구원으로 UCLA에서 에드윈 슈나이드만(Edwin S. Shneidman)교수 밑에서 자살예방에 대해 배웠고, 방위의과(防衛医科)대학교 방위의학연구센터 행동과학연구부문 교수를 거쳐, 2012년부터 쓰쿠바(筑波)대학교 의학의료계 재해정신지원학 교수로 재직 중이다.

- 저서: 『医療者が知っておきたい自殺のリスクマネジメント』(医学書院), 『自殺の危険』(金剛出版), 『自殺のサインを読みとる』『自殺未遂』(講談社) 등

역자 소개

양정연

서울대 종교학과 졸업, 동국대 불교학과 박사, 한림대 생사학연구소 HK교수, 생명교육융합대학원 교수로 재직하고 있다. 불교교학(티벳불교, 중국불교)을 전공하였으며 생사학 연구를 수행하고 있다.

- 논문 및 저서: 「근대시기 '종교' 인식과 한국불교의 정체성 논의」, 「람림(Lam rim)에서의 죽음 억념과 수행-생사학적 관점을 중심으로」, 「타이완 〈安寧緩和醫療條例〉 법제화의 시사점」, 「행복과학에 대한 불교적 성찰」, 『죽음의 성스러운 기술』(역서), 『(한 권으로 보는) 세계불교사』(공저) 외 다수.

생사학총서 3

자살예방

초 판 인 쇄	2018년 05월 25일
초 판 발 행	2018년 05월 30일

지 은 이	다카하시 요시토모(高橋祥友)
옮 긴 이	양정연
발 행 인	윤석현
발 행 처	도서출판 박문사
책 임 편 집	최인노
등 록 번 호	제2009-11호

우 편 주 소	서울시 도봉구 우이천로 353 성주빌딩 3층
대 표 전 화	02) 992 / 3253
전 　 송	02) 991 / 1285
홈 페 이 지	http://www.jncbms.co.kr
전 자 우 편	bakmunsa@hanmail.net

ⓒ 한림대학교 생사학연구소 2018 Printed in KOREA.

ISBN 979-11-89292-02-7 93100　　　　　　　　　　정가 14,000원